“いま、この瞬間”から
わたしが変わる。

井上裕之
Hiroyuki Inoue

はじめに

あなたは、自分を、環境を、人生を、いますぐに変えたい!!

と思ったことはありませんか?


「かなえたい夢に近づきたい!」

「尊敬している、憧れているあの人のようになりたい」

「キャリアアップして、好きなことを仕事にしたい」

「お金持ちになりたい」

「人に好かれたい、嫌われたくない」

「すぐに他人に振り回されてしまう」

「期待に応えようと頑張りすぎて疲れてしまう」

「一生懸命頑張っているのに、なかなか結果が出ない」


あなたは、こんな思いを抱いてはいないでしょうか。

本書は、あなたの人生を
〝いま、この瞬間に変える〟本です。

人生を瞬間的に変えるとはどういうことでしょうか？
人生を瞬間的に変えることはできるのでしょうか？

この世界があなたにとってどんなものか、
あなたの人生がどんなものかは、
あなたが〝ものごとをどのように見ているか〟

で決まります。

毎日が喜びに溢れ、生きることの幸せを感じながら生きている人。
なにもかも上手くいかないと、日々、自らと世の中を悲観して生きている人。

極端なこの二人の違いは、「幸福なできごとに恵まれ」「十分な能力を持っている」か
どうかの違いに基いているわけではありません。

「この世界や自分自身をどう捉えているか」

その違いだけなのです。

あなたの人生は、これまであなたが大切にしてきた
「考え方」「価値観」などによってできています。

ですから、

自分を、人生を変えたいと思うのならば、
これまでのあなたの
「考え方」「価値観」「思い込み」などは一旦捨てて、
〝思いどおりの人生を生きるための考え方〟
を手に入れるといいのです。

すると、**その瞬間から**

あなたを取り巻く世界が変わり、人生は大きく変化しはじめます。

本書では、〝思いどおりに生きるための考え方〟を紹介します。

ここで、わたしのことを少しお話ししましょう。

わたしは北海道で歯科医師をしながら、セラピスト、セミナー講師、作家として活動しています。これまで6万人以上の方にお会いし、本書でご紹介している〝人生と自分自身を変える〟ためのノウハウをお伝えしてきました。

そもそも、なぜ歯科医師だったわたしがこのようなことをお伝えするようになったのか。それには、わたし自身の人生を大きく変えたできごとがありました。

31歳で帯広に歯科医院を開業、日々技術を磨きながら懸命に努力していたなか、家族旅行の最中に大きな交通事故に遭い重傷を負ってしまったのです。その後、奇跡的に妻は回復できたのですが、このときに、わたしは今にも崩れ落ちてしまいそうな自らの心を奮い立たせるため、心理学や潜在意識について学びはじめました。

この学びをキッカケとして、わたしの人生は劇的に変化しました。

世の中に対する考え方はもちろん、自分自身への意識やものごとの捉え方も変わり、結果として現実も180度変わったのです。

いま、わたしは日々充実感、幸福感を感じながら過ごすことができています。この考え方を知る前には想像もしていなかったような毎日です。

家族との幸せな時間を過ごしながら、日本全国を飛び回り、強い信頼で結ばれた仲間とさまざま仕事をしています。

あなたもどのような考え方をすればいいのかを知り、新しい世界を手に入れてください。

〃生まれ変わったような感覚〃

を味わってもらうことができるはずです。

そして、あなたの能力を最大限に引き出すための考え方と方法を知っていただければ、あなたも思いどおりの人生を歩むことが可能になるはずです。

まずは**「人生を変える！」「わたしを変える！」と覚悟を決めてください。**

勇気を持ってその一歩を踏み出せば、あなたの人生は、いま、この瞬間から大きく変わりはじめます。

さあ、ページをめくってください。

あなたが思いどおりの人生を歩むためのお手伝いができることを嬉しく思います。

井上裕之

CONTENTS

第 I 章
いま、この瞬間からライフスタイルを変える

第2章

いま、この瞬間から人間関係を変える

第3章

いま、この瞬間からマインドを変える

第4章

いま、この瞬間から行動を変える

第5章

いま、この瞬間から思考を変える

意味付けと解釈

スランプ

コツ

第 I 章

いま、この瞬間からライフスタイルを変える

DESTINY

001

未来は決まっていない

誰にとっても、**人生は自分の力で切り開いていくことができるもの**です。昨日までうまくいかずに落ち込んだり悩み苦しんだ日々を過ごしていたとしても、今日、この瞬間から選択と行動を変えて全力・本気で人生を生きるようになれば、明日からの日々は昨日までとは違う展開をしていきます。

後悔しないように**「やるべきことをやるべきときにやるべき数だけやる」**ことができれば、明日は昨日までの延長線上にはありません。今日、あなたが変わった瞬間に、新しい道が目の前につくられていきます。

それは、これまで歩んできた道とは異なる「未知」です。何が待っているのか、どんな障害があるのかも予測することはできません。

未来は、いま、この瞬間の行動からつくられていきます。あなたが今日やるべきことをやるべきときにやれば、それが達成された未来は、いつか必ずやって来ます。今日やるべきことは、今日のためにするのではありません。実は、未来のためです。

ただし、その未来がいつなのか、１カ月後なのか、１年後なのかは、今日この時点では分かりません。今日この瞬間にやるべきことをやれるようにコントロールすることはできますが、それが達成される未来まではコントロールできません。

未来は、決まっていません。決まっていないからこそ、**やるべきことをやって、少しでもよりよい未来になるように毎日努力を重ねるしかない**のです。

あなたが今日できることは、それだけです。でも、それで十分なのです。

運命

↓

今日のためでなく、未来のために行動する

DESTINY

002

運命は変えられると信じる

「こうなったのは運命だった」

「何回やってもダメなのは、運命ということなのかな」

望んでいたことが実現しなかったり、思い描いていた夢がかなわなかったとき……。人は「これも運命だった」と、自分にそう言い聞かせることがあります。失敗したりうまくいかなかったりしたことを「運命」だと理由づけする気持ちも分からないではないですが、決して好ましいことではありません。

もともと自分に向いていなかったこと、それをする時間が足りなかったこと、経済状況や周囲からのバックアップ態勢が整っていなかったことなど、失敗した理由は挙げればキリがありません。けれども、**うまくいかない、成功しないことがその人の運命として最初から決まっていたわけではない**のです。

そもそも最初から成功や失敗という運命が決まっている人はいません。もし仕事を早く片づけられることも作業にしくじったことも運命だとしたら、われわれは運命の脚本家が決めたとおりの人生を、自分の意思とは関係なく歩んでいることになります。そんな人生を歩みたいと思うのはごくごく少数でしょう。

人生は思いどおりにならない。そう思っている人は多いはずです。**思いどおりにならないということは、逆に言うと、いくらでも変えられるということです。**

つまり、運命は変えられます。**自分の選択と行動、そして思いがあれば、誰もが運命を変えることができる**のです。

運命

↓

うまくいかないことを運のせいにせず、自分のせいにする

DESTINY

003

うまくいったら「運がよかった」と言う

成功者が必ず言うセリフに、次のようなフレーズがあります。

「運がよかっただけです」

この言葉を真に受けるのは、とても危険です。成功者は「運がいいから成功したのではないのですから……。

成功した人は、やるべきときにやるべきことをほかの人ができないくらいきちんとこなしています。**やるべきことを誰もやれないくらいやっているから、必然的に成功したのです。**

かなりのハードワークをこなしたからうまくいったのだと、成功した人は知っています。ただ「こんなにたくさんやったから、成功したのです」と長々とその理由を説明するのも照れるので、「運がよかった」という言葉でさりげなく片づけてしまいます。**運がよかったというのは、「やるべきことをやるべきときにやるべき量以上にやった」こと**を遠回しに言っているだけです。

成功した人は、確かに運がよかったように見えます。運がまったくなかったわけではないでしょうが、それでも**運だけで成功するものではありません。**

この世には、運がいい人と運が悪い人、あるいは成功した人と失敗した人がいるのではありません。**「やるべきことをやった人」と「やるべきことをやらない人」がいるだけ**なのです。

運命

↓

ただやるのではなく、とことんやる

DESTINY

004

ラッキーな出来事を再現する

やるべきこともやらずに成功している人は、例えて言うと、たまたま宝くじに当たったような人です。宝くじを買う人は、「1億円が当たったらいいな」と思って買います。買わなければ当たらないのですから、1億円が欲しければ宝くじを買うしかありません。一攫千金は、宝くじを買う行動をしたからこそ実現します。

もっとも1億円が入ったからといって、当たったときに何に使って、どういうふうに自分の人生にそのお金を活かしていくか事前に考えていないと、放蕩三昧の生活を送りがちです。アッと言う間にムダに使って、ゼロにしてしまうことにもなりかねま

運命

↓

一攫千金よりリピートを狙う

せん。

宝くじのような「ぼた餅」は食べてしまえば、終わりです。もう1個食べたいからと、棚の前で待っていても、二度とぼた餅が落ちてくることはありません。**食べたいのなら、自分でつくるしかないのです。**

ぼた餅が落ちてきたときに、その味を覚えて、再現することができたら、再び食べることもできますし、それを売ってたくさんの人に食べてもらうこともできます。それこそエンドレスのリピートが可能になります。

ぼた餅が落ちてくることは事前に予測することはできませんが、調理法を会得すれば、再びつくることができます。その後に何回でも食べることができます。

棚からぼた餅が幸運だったかどうかは、食べた後の行動で決まります。味を再現できる人にしか、落ちてきたぼた餅を活かすことはできないのです。

MONEY

005

お金をキレイに使う

お金に「キレイ・キタナイ」はありません。世の中に出回っているお金はどれも同じ。1万円はどれも同じ1万円、1円はどれも同じ1円です。

それなのに、「お金をキタナイ」と思ってしまう人がいます。それは、人を出し抜いたり自分だけ得をするなど、稼いだ方法がキレイでないことがあるからです。キタナイと決めつけてしまうのは、お金に対して間違った考えを持つことにつながります。

お金とは、価値を表すもの。稼いだお金は、あなたの価値そのものです。その価値を何に使うかによって、エネルギーにもなれば、あぶく銭にもなります。

せっかく自分の価値を高めて稼ぐ人になっても、享楽《きょうらく》や贅沢《ぜいたく》のために使ってしまうのだったら、浪費に終わって、「悪銭身につかず」になります。

お世話になった人に恩返ししたり、誰かを応援したり、寄付をするなど、**自分以外の誰かのために使うのだとしたら、「価値」が誰かを応援する「エネルギー」に変わっていきます。**

そうして、もてなされた相手はエネルギーをもらって、元気になったり羽ばたくことができます。相手がエネルギーをもらえるのは、お金がキレイだからなのではありません。お金の使い方が「キレイ」だからです。

↓

お金をあぶく銭ではなくエネルギーにする

お金

MONEY

006

お金を好きになる

自分自身の価値を貨幣というカテゴリーで表したもの。それが「お金」です。

価値はなにもお金だけでしか表現できないものでもありません。見識を深めて人となりも磨いていけば「人格教養」というカテゴリーで評価されますし、約束したことを必ず守れば、「信用」というカテゴリーで評価されます。

だからといって、「人格教養を磨いて信用をつくれば、お金は少なくてもいい」というのは、いい生き方ではありません。しかし、そういった清貧の思想に共感する人は少なからずいますので、それを信じるのは本人の自由です。

ただ一つ知ってほしいのは、**人格教養や信用はお金に換算できますが、その逆はないことです。**人格教養が深い人は自身の知識を提供することで、信用力のある人はその行動力を提供することで、お金を得ることはできます。しかし、お金を提供するからといって、人格教養や信用を得られるわけではありません。

お金とは、世の中に無数にある価値の一つにすぎません。お金を好きにならないと、せっかく自分が持っている価値をお金に換算することに抵抗を感じるようになります。**自分の持っている価値をお金に換えることに、違和感を持たなくてもいいのです。**お金に換えれば、快適便利というメリットは得られます。

せめてお金を好きになるようにする。それだけで逆説的ですが、自分自身が持っている価値をもっと高められるようになっていきます。

お金

↓

人格教養を磨くだけでなく自分の価値を高める

MONEY

007

お金にとらわれない

よく若い人から「もっとお金が欲しい。もっとお金を稼ぎたい」と相談されることがあります。「お金を稼ぐ＝成功」というイメージは世間一般にあるようで、わたしもその風潮には異を唱えません。**「お金を稼ぐ＝自分の価値を高める」**ことですから、ドンドンお金を稼げばいいのです。

ここで気をつけたいのは、**「お金を稼ぐことを目的としない」**ことです。**お金は他人が価値を認めてくれて初めて、手に入れられるもの**です。

手に入れるためには勉強をしたりスキルを磨いたり人格を育てたり、何がしかの代償が伴います。価値を手に入れるためには、必ず人的・金的・時間的コストが伴います。ラクして価値を高めたり、お金を手に入れたりすることはできないのです。

そうした**代償を積極的に支払う人にだけ、お金は引き寄せられます。**自分自身の時間や自己投資としてのお金、スキル・ノウハウを投入して、他人に認められ、他人に喜んでもらえるという価値（対価）を報酬とします。

もしお金を稼ぐことだけが目的なら、自分自身で積極的に代償を払うこともないので、お金が貯まるだけです。別にそれは悪いわけではないのですが、代償を払わないため、それ以上増やすことも稼ぐこともできません。ただの守銭奴で終わってしまいます。

お金を稼ぎたいのであれば、自分の価値を高めていくしかありません。そのためには積極的に代償を払う必要があるのです。

お金

↓

お金を貯めずに自己投資する

TIME

008

オンとオフのメリハリをつける

成功者といえども、一日24時間すべて活動することはできません。彼らのパフォーマンスは総じて高いですが、その**秘訣はオンとオフをしっかり分けたライフスタイルにあります。**

一日に生産的活動を持続できる時間は人それぞれです。10時間という人もいれば、5時間という人もいます。もちろん、長くやればいいものでもありません。

相応の成果を導き出すためには、集中力が必要です。集中せずにダラダラやるようでは、大した成果も上げられず、単に時間を浪費するだけで終わります。

時間

残業をせずに、オフを楽しむ

たとえば、あなたの生産的活動時間が一日に７時間だとしたら、その時間をどのように確保するかをまず考えなければなりません。７時間連続で活動できるわけがないので、その配分も考えます。ベストが午前中４時間、午後３時間としたら、それを確保できるスケジュールを設定します。その７時間の中で優先順位の高いものから取り組んで処理していけば、相当高いパフォーマンスを達成することができるのです。

７時間で処理できなければ、翌日に回して、「残業はしない」と割り切りましょう。そうでなければ、翌日のパフォーマンスに影響します。

もっと大事なことは、**７時間以外は、完全にオフにすること**です。あなたが集中して活動できるのは一日に７時間しかないのですから、それ以外はすべて「オフ」です。そうしたメリハリの利いた一日の過ごし方をしていれば、いつでも高いパフォーマンスを達成できます。実際に成功者は、そうした時間の過ごし方をしています。

TIME

009

アドレス帳を整理する

「どうしてもと言われたから断りきれずに、付き合ってしまった」
「職場の飲み会に参加したけど、グチばかり言い合って、もったいない時間を過ごして……」

自分自身の時間の使い方を見直しても、職場の上司や仲間、昔からの友人・知人の**誘いを断りきれずにムダな時間を過ごしてしまったら、本末転倒**です。

わたしは「お酒は飲まない」と宣言しているので、飲み会への誘いはなくなりました。しかし、お酒の誘いに限らず、他人からの誘いは断るとカドがたつので難しいものです。本心ではイヤだから断りたいけれど、「何かいいことがあるかもしれない」という下心があるから、ついつい応じてしまうのです。

誘いに応じるべきかどうか迷ったら、試してみるといい方法があります。それは**携帯電話のアドレス帳を見直すこと**です。**「この人はいらないな」とちょっとでも思ったら、アドレス帳から削除してみる。**削除するほどの相手、あるいは削除した相手からの誘いなら断っても問題ありません。

そうして一カ月過ごしてみて、一回も連絡を取らなかったら本当にムダな付き合いだったということです。もし**「やっぱり必要だ」と再認識すれば、復活させればいい**だけです。人間関係がもたらすムダを整理するためには、自分にとって必要な人、そうでない人をキッパリと分けてみるといいでしょう。

時間

↓

行きたくない誘いには応じず、キッパリ断る

TIME

010

他人の都合を優先しない

「人を雇う余裕がないから、4、5人分の仕事をしないといけなくて、ロクに休みもとれない」

「部長が仕事を押しつけるから、今日も休日出勤。大変なんだよ」

仕事が忙しいのはけっこうなこと。そう思う人もいるかもしれませんが、単純に喜んでばかりもいられません。**「忙しい」のは自分の時間を有効に活用できていないことの裏返し**です。少なくとも自分自身に「能力」があるとは見なされません。

会社を創業したばかりの起業家や受験勉強する学生、資格取得を目指す人、看護や介護、教育をしている人が忙しくて時間がないのなら分かります。その他の「忙しい人」は**自分は何に時間を使っているのか、一度冷静に考えてみてほしい**のです。

貴重な時間は案外、人からお願いされたこと、上司やクライアントから頼まれて仕方なくやっていること、生活のためにイヤイヤやっていることに多くを割かれているはずです。

残業や命令など望まずにやらされていることは、実は他人の利益や都合のために、自分の時間を提供させられています。他人のために時間を提供したうえで、残った時間で自分がやるべきこともやらなくてはいけないから、忙しくなってしまうのです。**あなたが忙しいのは、自分より他人の都合を優先しているから**です。

時間

↓

相手の時間より自分の時間を優先する

TIME

011

時間泥棒にならない

一日24時間、自分が何に時間を使っているのか、きちんと把握しておくことは、自分の行動時間を確保する意味でも必要なことです。睡眠、食事、仕事あるいは勉強、通勤・通学、入浴などは一日のうちで必ずしなければならない時間です。これを24時間から差し引くと、残りはほんの数時間です。

この**時間を何に使うといいのかを、もっと真剣に考える必要があります。**自分の思い描く夢や目標のために使うのだったら、この時間を大切に、また有効に使わなければなりません。

時間

テレビやインターネット、飲み会など、あなたの貴重な時間をムダ遣いさせている「時間泥棒」は、挙げればキリがありません。カン違いしがちですが、テレビやインターネット、お酒があなたの時間を奪っているのではなく、それらはあくまでもモノでありコトです。**時間泥棒の正体は、実はあなた自身です。**

それらのことをする理由は、「息抜きをしたい」「情報を収集したい」「誘いを断れない」ということです。そういう時間も必要ですから、すべてをやめる必要はありません。

ただ息抜きや情報収集、人付き合いが目的なら、**ダラダラと続けずに、一日に何時間と決めて、その時間だけ対応します。**制限時間が来たら、やるべきことに取り組む。

そうすれば、大切なことをする時間も確保できますし、あなたが時間泥棒になることもなくなります。

↓

ダラダラとせずに、「一日何時間」と決めてやる

THE PAST

012

未来の自分が喜ぶことをする

いまのあなたは10年前、5年前、3年前の自分がつくり上げたものです。**あなたの過去が、いまのあなたをつくっているのです。**

これまでに培ってきた経験、知識、思考、習慣、人間関係がそっくりそのまま、いまのあなたをつくり上げています。これらが栄養となり、年月を経ていまの等身大のあなたになっているのです。

あなたが今年の「東京マラソン」を見て、来年は自分も出たいと思ったとしましょう。やる気を出そうとして、ただ単に高いシューズやウェアを買っただけで、フルマラソンを走れるようになるわけではありません。

何もしないで、成果を得られることはありません。毎日5キロ、10キロのジョギングを欠かさずに1年間続けて、初めてフルマラソンを走り切ることができるのです。

あなたの今日したことは、明日の自分、1年後の自分をつくります。 自分が「してきたこと」が、いまのあなたなのです。**いまの自分が「すること」が1年後、5年後、10年後の「未来のあなた」になっていきます。**

いまのあなたがどれだけ行動するかによって、未来のあなたは想像以上にもなれば、期待外れにもなります。**未来の自分を喜ばせることができるのは、いまのあなたしかいません。** いまのあなたが、未来のあなたをつくります。

過去

↓

過去ではなく、未来に思いを馳せる

THE PAST

013

過去を否定しない

「なぜあのとき自分の言い分を通さなかったのだろう」
「失敗してもいいから、一回くらいチャレンジしておくべきだった」

誰にも一つや二つくらい、自分が過去に選択しなかった行動を悔やむことはあります。**悔やんでも、過去に戻れないことは自分が一番よく分かっています。**あの日の選択、行動をやり直すことができないから、後悔してしまうのです。

だからといって、過去の出来事を忘れようとしたり、なかったことにしたりしても、何も始まりません。忘れようとすればするほど忘れられなくなり、かえって後悔が大きくなっていきます。

過去を忘れることは、過去を否定することです。それは、過去の自分を全否定すること と同じです。

過去を忘れようとしなくても、否定しなくてもいいのです。自分があのとき「しなかったこと」はこれからも変わりません。それよりは「しなかった過去」を素直に認めてしまいましょう。

認めるといっても、肯定するわけではありません。「あのときしなくてもよかったんだ」と納得するのは、単なる開き直りです。開き直りは、過去にとらわれていることと同じです。

「しなかった自分」に気づいて、いまからは「する自分」になろうと思うこと。それが、過去に向き合うということです。

過去は忘れずに、向き合う

過去

014

潜在意識の力を信じる

あなたの前に止まったエスカレーターがあります。上りなのか下りなのか分かりません。あなたが足を踏み入れたときに、エスカレーターは動き出します。そのとき上りなのか下りなのかが分かる……。人生とはそのようなものかもしれません。

上りのエスカレーターに乗れば、そのままスーッと上っていけますが、もし下りだとしたら……。逆走するエスカレーターを力づくで上ろうとする人もいるかもしれませんが、上ろうとすると、時間がかかるし、苦しいしつらいものです。

ここで別の方法があります。スイッチを探して、下りを上りに切り換えてしまうのです。

エスカレーターは上りにも下りにもなります。下りのエスカレーターに遭遇したら、上りに切り換えてしまいます。**無理して下りのエスカレーターを上ろうとする必要はありません。**

人生で成功している人は、成功という上りのエスカレーターに乗っています。実はこのエスカレーターのスイッチが、潜在意識です。

潜在意識は、あなたが強く願えば、その実現に導いてくれます。いまがどんなに逆境にあるとしても、それこそ下りのエスカレーターを上りに替えてしまうくらいのパワーがあるのです。

潜在意識の力を信じましょう。上りか下りか分からないエスカレーターを前にしても、あなたは安心して一歩踏み出せばいいのです。

過去

↓

スイッチを探すことなく、自然に切り換える

communication

第2章

いま、この瞬間から人間関係を変える

HUMAN RELATION

015

ライバルとは切磋琢磨する

あの人にだけは先を越されたくない。仕事の出来はわたしと同じくらいなのに、あの子だけチヤホヤされてイヤになっちゃう……。このように誰にでも負けたくない相手の一人や二人はいるものです。

そもそも「負けたくない」と思うのは、相手が自分よりちょっと上か同レベルの場合です。自分よりレベルが下の相手には負けたくないとは思わないものです。自分と差がない相手に先を行かれるのがイヤだから、負けたくないし、相手も、あなたに負けたくないと思っています。二人は、いわゆる「ライバル」関係にあります。

負けたくないと思う相手と張り合うのは、悪くはありません。しかし、それよりも**負けたくない相手を冷静に観察することは、もっと大事です。**

じっくり観察したら、**相手のいいところを積極的に取り入れてみます。**そのやり方がうまくいったら、**今度は自分が得意とするほかのことを相手に教えてあげます。**最初は相手もビックリするかもしれませんが、おそらく聞き入れるはずです。こうして**フィードバックしていくと、切磋琢磨してお互いに認め合う仲になっていきます。**

「あの人がこうしたら、わたしはこうしよう」「たぶん向こうはこう考えるから、わたしはほかのやり方を考えよう」

このように競い合って、お互いに前を向けるようになります。心が触れ合える関係になると、勝敗なんてどうでもよくなって、お互いに最高の状態を目指して競え合えるようになっていきます。

人間関係

↓

勝敗ではなく、最高を競う

HUMAN RELATION

016

正反対のタイプには自分から近づく

自分は繊細なタイプなのに、相手は厳しいこと・きついことをビシバシ言ってくる。あるいは自分は体育会系なのに、相手は緻密で計画的。自分と波長が合わない人とエレベーターに二人きりになったとき。「早く着いてくれないかな」と心の中でつぶやくことは、誰にでもあるはずです。

「あの人とは一緒にいたくない」と誰かのことを思ってしまうのは、その人が自分を振り回したり、自分が嫌がることをさせようとするからです。面と向かってイヤだと言っても相手が意に介さないと、自分の中に「この人とはうまくいかない」という感情が蓄積されて、いつの間にか「こういうタイプは合わない」という刷り込みができてしまいます。こういう人は、自分と正反対のタイプに多いものです。

合わないタイプとムリに波長を合わせる必要はありません。それでももしその人との関係を改善しようと思うのなら、**思い切って相手に近づいてみるのが有効**です。

「相手と合わない」と思うことは、あなたが相手との間に「見えないバリア」を築いたということです。相手はそのバリアがあることを知りません。相手にバリアが見えないから、あなたに不快な思いをさせてしまいます。

逆に「虎穴に入らずんば虎子を得ず」で、そのバリアを取っ払って、あなたが相手のほうに近づいてみる。**あなたから近づいていくと、今度は相手があなたとの関係を見直すようになります。**再びあなたの言い分を訴えると、相手も初めてあなたの事情に気がついて、これまでとは別の対応をするようになっていきます。「合わない」と思っている人に自分から近づいていくと、活路が開けることもあるのです。

人間関係

言いたいことは飲み込まずに、キチンと言う

HUMAN RELATION

017

素直に教えを請う

仕事上の問題点のほとんどは、人間関係が原因となって起こるものです。職場での人間関係と言えば、上司と部下の関係に尽きると言っても過言ではありません。

上司が苦手な人や嫌いな人だったら、どんなにその仕事が好きでも人間関係に煩《わずら》わされて、好きな仕事も嫌いになってしまうかもしれません。しかし、関係を断つわけにもいきませんし、我慢していると、それがストレスとなる可能性があります。

上司にしても「わたしは責任者だから」と肩に力を入れすぎて、部下に厳しく接したり一線を引いていることはあり得ます。あるいは優しくすると、なめられると思っていることもあるかもしれません。相手の立場が上の場合は、自分から距離を置くことも近づくことも得策ではありません。

できることと言えば、**意地を張らずに素直に教えてもらうこと**です。自分が得意なことに関して教えを請われれば、上司は親切に教えたくなるものです。上司のプライドをくすぐることにもなります。その**アドバイスを実践して成果を出せば、あなたの手柄だけでなく、部下を育てたという上司の手柄にもなります。**

「教えてください」と素直に言うことは、迎合することでも下手に出ることでもありません。部下に教えれば、上司も威厳を保ったまま、部下との距離を縮めることができます。それは、**上司の自信にもつながる人付き合いの高等戦術**です。

↓

意地を張らずに、「教えてください」と頭を下げる

人間関係

HUMAN RELATION

018

相手の価値観を受け入れる

人間的に魅力がある人と、そうでない人――。その差はどこで生じるかというと、相手を受け入れられるかどうかにあります。

相手を受け入れられる人は、しっかりした自分の価値観を持ちながらも、相手の価値観を受け止めるだけの器の大きさを持っています。認めてくれるから、引きつけられるように、その人のところに多くの人が集まってきます。

もし自分の価値観を頑《かたく》なに守り、相手の価値観を受け止めなければ、誰も近づこうとはしません。相手を認めず否定しているのですから、そうなるのも当たり前です。それは、相手より「自分が上」になっているということです。

相手の価値観を受け止めることは、相手を崇拝することではありません。自分自身に何も価値観がなければ、そうなりますが、確固とした価値観を持っているので、相手のことを受けとめて、飲み込まれることもありません。自分と相手との関係は対等になっています。

認めてくれるから、相手はまるでおもてなしを受けているかのような心地よさを感じます。「この人といると満たされる、落ち着く」と思うから、引き寄せられていきます。

魅力とは、相手を受け入れる度量そのものです。もし**あなたが上司なら、部下の価値観を受け止めて、認めるだけでいい**のです。たったそれだけで、あなたは「この人についていきたい」と思わせる魅力的な上司になることができます。

人間関係

→ 相手を否定せず、もてなす

019

嫌われてもいい

自分のやりたいことをやろうとして、周りから反対されたり、「協力する」とは口では言いながらも足を引っ張られたりすることがあります。まさに「出る杭は打たれる」です。

そういう周りの反応に嫌気がさして、いつの間にか「やりたいこと」を引っ込めて、周りに合わせてしまう。もし**それで納得してしまうとしたら、それは心の底から「やりたかったこと」ではなかったということ**です。

そうした反対や無理解は、やりたいことのほんの通過点にすぎません。反対されたからと言って、あきらめるのだとしたら、それはしょせん実現するはずのないことだったのです。

自分がやりたいことがあるのだとしたら、周りの反対や抵抗を押し切ってでも、強行突破していいのです。それを実現しないと悔しくて涙を流してしまう……。そうした強い思いがあるのならば、誰にも気兼ねすることはありません。

「勝手なことをするな」「まだ若いのに」「できるわけがない」

そんな**心ないことを言われても、やりたいことをやりたいのであれば、ムシしても構いません。**「勝手なことをする人間だ」と嫌われても、そんなことを気にせずに、のちのち自分のやりたいことを実現させたとしたら、そんな一時の風評は後になって立派な武勇伝になっています。

↓

風評を気にせず、武勇伝をつくる

人間関係

ENCOUNTER

020

別れを自分で決める

別れは、決して楽しいものではありません。

さびしいし、つらい。**別れをさびしくつらいと感じてしまうのは、自分ではなく相手が一方的に決断したから**でもあります。

実は「もう潮時だな」ということは自分でも分かっているのに、不安だから踏ん切りをつけることができない。そういう状態のときに相手から切り出されて、不安の大爆発を起こしてしまう。

相手から「やめよう」「終わりにしよう」「別れよう」と先に言われて、「まだあきらめたくない」「終わらせたくない」「別れたくない」と余計に執着してしまうのです。

　この先どうなるか分からないし、未練も残ります。

　ところが、**別れを自分で決めるようになると、余裕ができてきます。**「もうやめる」「これで終わり」「別れよう」と自分で考えて自分で決断すれば、そこには未練も不安もありません。なにより新たなステージに踏み出す決意と覚悟があります。将来への明るい希望と夢もあります。

　人から言われるのと自分から決断するのとでは、１８０度変わってきます。

　別れは自分で決断するものです。

　一つの別れが、新たな出会いを引き寄せるようになります。別れを感謝する人には、夢と希望に満ちた素晴らしい出会いが待っています。

↓

相手に執着せず感謝する

出会い

ENCOUNTER

0021

出会いを引き寄せる

毎日通勤電車に乗って会社や学校、ショッピングセンターなど、人が大勢集まる場所に出かけているのに、いい出会いがない。そう嘆いている人は少なくありません。

出会いを引き寄せるためには、まずいま持っている不要なものを捨てることです。

出会うためには、まず別れてみる。

別れは成長するためには避けられないことなのです。

別れはなにも大切な人や家族でなくてもいいのです。いつか捨てようと思っていたのに捨てられなかった思い出の品、あるいは頑固さ、苦手意識といったものも含まれます。

出会いを妨げているのは、実は自分の中の本当はどうでもいいこだわりや意地といったものであることが多いのです。

そうした無用の長物をキッパリ捨ててしまえば、身も心も軽くなってきます。普段接している人たちとのコミュニケーションも変わってきて、周りからのあなたを見る目が変わってきます。

そこから新たな出会いが引き寄せられることもあります。不要なものを捨てなければ、決して欲しいものが手に入ることはないのです。

いらないものは取っておかず捨てる

↓

出会い

ENCOUNTER

022

誰にでも平等に接する

出会いがある人は、いつも飾らず自然体です。言い換えれば、偉い人の前でも家族と一緒のときでも部下の前でも、まったく変わらずにいる人です。

相手に応じて態度を変えることもなく、変わり者や扱いにくい人ともフランクに付き合い、困っている人にはムシせず手を差し伸べる。そんな**自然体の人に、人は引き寄せられます。**

出会いを引き寄せる人には、常に人の輪があります。魅力があるから、それに引き寄せられて多くの人が集まってくるのです。

出会い

ご縁は求めずに、引き寄せる

相手のために何かをする。誰かを応援する。人のいいところをほめる……。相手が誰であっても同じような気持ちで接して、分け隔てなく対応しています。誰もができることですが、そうしたことをさりげなく、かつ真心を込めてできる人が、出会いを引き寄せるのです。

誰かのためにいつも動き回っているから、いろいろな人の目につきやすくなります。「こんな人に出会いたい」と宣言しなくても、特別に自分からアピールしなくても、魅力を感じた人が集まってきます。その人の周りには、求めずとも「ご縁」があふれることになります。

出会いは求めるものではなく、引き寄せるものです。出会いの達人は、無理なく自然にご縁を手にしているだけなのです。

ENCOUNTER

023

別れた相手に感謝する

「彼氏と別れた」「進路が別々になった」「お世話になった先輩が異動になった」……。

別れたその瞬間はさびしいし、つらいかもしれません。けれども、いつまでもその感情を引きずることはよくありません。さびしくてつらいなら、一晩泣き明かしたほうがマシです。そのほうがスッキリした気持ちで、朝を迎えることができます。

別れは、自分自身をリセットするいい機会です。リセットと言っても、ゼロになるわけではありません。ゲームで言えば、1面をクリアしたということです。

次のステージに行くときに、「つらい」「さびしい」「不安」という感情を引きずったままでは、新しい展開についていけず、流れに乗ることもできません。これでは別れた相手も悲しみます。

別れた人には、これまでお世話になったことを感謝するといいのです。「ありがとう」と素直に言えば、つらく悲しい感情をリセットできます。

感謝すると、自分がいかに相手によくしてもらっていたのか気づけるようになります。自分自身がいかに多くのことを与えてもらったのか、ハッキリ認識できるようになります。

そのお礼はすぐに本人にすることはできませんから、別の仕方を採用します。それは、自分自身が成長することです。**自分自身がいまよりもワンランク、ツーランク成長することが、本当の意味で分かれた相手に感謝することです。**間違いなく相手も、それを望んでいます。

出会い

↓

さびしくつらくても引きずらず、リセットする

CONSIDERATION

024

自分を気遣う

気遣いは人間関係を円滑にする潤滑油です。気遣いのできる人は周りの人、大切な人を心地よくさせます。それは、誰でもできるようでいて、実はその人にしかできない属人的なものです。

友だちや家族で食事に出かけたとき、何を食べようか、なかなか決められない人がいます。「あれも食べたい」「これも食べたい」と欲張るから、決められなくなるのです。こういう人は優柔不断と言われますが、**「あれもこれも」食べたいと思うのは、欲がある証拠で、何も悪いことではありません。**むしろみんなが頼むから「わたしもハンバーグにしよう」と、同じものを頼む人より、自分の気持ちによほど忠実なのです。周りに合わせたり、自分よりも相手に気を遣う。それはとても大事なことです。あなたの持っている長所です。そういう人は自分よりも常に周りや相手を優先して、自分のやりたいことや望んでいることを後回しにして、結果的に損していることも多いのです。

周りや大事な人に気を遣いすぎて、ヘトヘトになってしまう。気を遣いすぎて、自分のストレスになる。そんなことまでしなくていいし、自分の大事なこと、大切なことを犠牲にしてまで周囲に同化する必要はありません。

本当に気遣いすべきなのは、自分自身です。自分の心技体が快適になるように気を遣う。そうして初めて、相手に対する気遣いができるようになります。**自分に対する気遣いができる人だけが、誰に対しても気遣いができるようになっていきます。**

気遣い
↓
ストレスをかけずに、自分を癒す

DISLIKE

025

苦手な人を認めてみる

職場や勉強会、趣味のサークルなどに、苦手な人がいる――。このようなとき、その人を一方的に排除することはできません。

「あの人とはかかわりたくない」と、その人を敬遠してしまう。それで通るのならばいいのですが、その人とのコミュニケーション頻度が増えてくると、あなたがストレスを抱えることになります。そのままでは相手を「苦手だ」と思う感情が消えることはありません。

身の回りに合わない人がいたとしても、別に仲よく付き合わなくてもいいのです。苦

手な人がいたら、その存在を素直に認めるようにしましょう。

存在を認めることは、相手の言うことを１００％聞くことでも、相手のすることを黙認することでもありません。行動や考えていることを理解することです。そのうえで、相手の意見や行動に賛成しても反対しても、どちらでも構いません。

苦手意識が先に立つと、相手を認めることができません。相手を認めようとすると、「相手に負けた」という敗北感を持つかもしれませんが、そうではなく実は自分がラクになります。

相手を認めると、「つかず離れず」の関係になっていきます。それは、あなたに苦手な人への抵抗力がついているということです。言い換えれば、人間関係の「免疫力」ができたということです。

苦手な人

↓

苦手な人を敬遠せず、理解する

DISLIKE

026

嫌いな人とは距離を置く

誰にでも好き嫌いはあります。食べ物の好き嫌いや勉強の好き嫌いがあるのと同じように、人間の好き嫌いがあるのは自然なことです。

嫌いな人は嫌い。それはそれで一つの考え方です。「嫌いな人とは付き合わない」を生き方の軸にする人がいても、不思議はありません。

嫌いな人をムリに好きになることはありません。それは、自分にストレスを与えることになります。ただし、嫌いな人を嫌いなままでいることは自分の成長を奪うことにもなりかねないことだけは知っておきましょう。その人をムシしても、いいことはあまりありません。

嫌いな人がいたら、距離を置いてみるといいのです。距離をとると、ベンチでレギュラーのプレーを見る控え選手のように、相手の一挙一動《いっきょいちどう》がクッキリ目に映るようになります。

すると、相手の長所も見えるようになります。最初は嫌いな相手の長所に反感を持ちますが、慣れてくると、「あの人にもいいところがあるんだな」と、相手のよさを自然に受け止められるようになるのです。

こうなれば、もう嫌いという感情はだいぶ薄れてきます。相手を認めて距離を縮めてもいいし、そのままの距離を保っても、どちらでも構いません。離れてみなければ全貌が見えない高い建物のように、人間も**相手との距離をとらないと、見えないこともあるのです。**

苦手な人

↓

嫌いな人をムシせず、じっくり観察する

SUPPORT

027

WIN-WINの関係をつくる

いまでこそ、わたしは出す本がベストセラーになったり、講演で全国を飛び回るようになりましたが、最初からそのようにできたわけではありません。わたしにも誰かの世話をしたり、プライベートの時間を削ってまで困った人の問題解決に飛び回ったことがありました。いまでもそうしています。

自分のことでなくても、わたしは常に本気で誰かを応援していました。そうした本気の行動を見ている人がいたからこそ、本を出版するようになったときに応援してくれる人が続々と現れるようになったのです。

応援力

チャンスをもらうだけでなく、誰かにもあげる

応援は自分が成功するためにするものではなく、誰かを押し上げるためにするものです。自分一人ではとうていできないことを実現させたいときに必要なもの。それが、**「応援力」**です。

応援力は、生まれ持ったものではありません。誰もが後天的に身につけるものです。**自分以外の誰かを本気で応援したときに初めて、手にするものなのです。**

応援力を得ようと思ったら、本気で行動するしかありません。本気で行動しているから、「あいつを助けてやろう」と、誰かが応援してくれるようになるのです。

誰かを本気で応援することで、今度は自分が誰かに応援される——。そうすると、応援の輪が広がり、自分も相手もうまくいく「ＷＩＮ－ＷＩＮ」の関係がつくられるようになります。

SUPPORT

028

周りを上手に巻き込んでいく

「失敗することが怖いから」と本気を出さないで、70%、80%の力しか出さないようでは、誰もその人を応援するはずがありません。出し惜しみしてもいろいろな人が何かをしてくれているように見えるのは、付き合いでかたちだけの「協力」をしてくれているからです。

「応援」と「協力」は違います。応援は100%本気の行動ですが、協力はできる範囲でのサポートですから、もちろん本気ではありません。

そもそも自分が何かをするときに、周囲から協力しか得られないのは、本気で行動

をしていない証拠です。周りはその人がどれだけ真剣に取り組んでいるのかを、ちゃんと見ています。本気で行動しない人を応援しようと思わないのは当然のことです。**本気だから、周りを巻き込む力が生まれるのです。**

本気で応援される人はエネルギーが高く、運のいい人や成功者が周囲に集まってきます。そういう人たちの輪に入ると、最初は「場違いだな」とか「めちゃめちゃアウエーだ」と戸惑うかもしれませんが、彼らと関係を築くためには本気で勉強したり自己啓発しなければなりません。そうした努力を重ねていくと、考え方や行動、教養や見識、礼儀・マナーが洗練されていきます。

誰かを応援することは自分を成長させることです。応援する人の輪の中に入ることは、自分が成長して応援されるためのワンステップなのです。

応援力

↓

出し惜しみせず、全力を出し切る

SUPPORT

029

うまくいかない人を元気にする

「成績でトップにならなければいけない」

「賞を取らないといけない」

意外に思うかもしれませんが、応援されているほうはプレッシャーを感じているものです。「たくさんの人が応援してくれているのだから、失敗はできない」と自らプレッシャーを引き寄せています。

「応援される」とは、平たく言えば、周りの人から活躍するチャンスと機会を与えられるということです。そのチャンスをものにすれば、自分の可能性が広がっていきま

応援力

同情するのではなく、元気になるメッセージを贈る

す。それが分かっているから、余計にプレッシャーを感じてしまいます。

ちょっと失敗が続くと、うまくいかない自分を責めてしまう。自信を失って、周囲の期待を重荷に感じる。その空気が周囲に伝わって、次第に応援するほうの熱も冷めていきます。

本人が弱気のときこそ、あなたが相手を応援すべきです。同情するのは、相手にもよくありません。「頑張れ」と声に出さなくてもいいから、**「あきらめないで応援しています」という元気になるメッセージを態度や行動で示しましょう。**その無言のメッセージを肌でしっかりと感じとることで、その人は立ち直ることができます。

応援する人があきらめたら、応援されているほうは立場がなくなります。

だから、最後まで本気で応援する。**応援は、「される」ほうより「する」ほうがあきらめてはいけないのです。**

PARENT

030

DNAを受け継ぐ

子どもは親の背中を見て育ちます。努力する大切さ、人への気配りや感謝を当たり前のこととして実践している両親の姿を見ているのです。そして、自分自身も直接言葉では言われなくても、子ども心に暗黙のこととして教えられてきたのだと、誰もが年を取るとともに分かってきます。

不思議なことですが、自分が子どもを持つ親になってみると、両親の影響をとても受けていることを実感します。同時に自分が子どもに対して与えている影響がとても大きいことも……。

親として子どもにできる最大のことは何なのか。それは、経済的援助でもなければ、学問的知識を与えることでもありません。甘やかしたり、逆に厳しくしたりすることでもありません。それらが必要なこともありますが、**親が子どもに対してしなければならないことは、「生き方」を示すことです。**

人としてどう生きるべきか。他人に対してどう接していくか。苦しくてもあきらめずに自分の力で人生を切り開いていくこと。そうした生き方を自分が手本となって示していくことが、親が本当に子どもに伝えなければいけないことです。

自分自身が生き方で示していくのですから、ある意味では、無言の教えです。それを受け継いでいくことが、親から子に伝わる本当の「ＤＮＡ」です。

↓

子どもには援助するだけでなく、背中で生き方を見せる

親

PARENT

031

本当の親孝行をする

子どもが自分の意向に反して、やりたいことをやろうとすれば、親は「もういい。勝手にしろ」と言いながら、突き放す――。どこの家庭でも見られる光景ですが、親は陰で子どものことを誰よりも心配し見守っています。

子どもが「なんで分かってくれないの?」と言って家を飛び出したり、恨むような気持ちになったりするのも分かります。けれども、この世には子どものことが嫌いな親は、本当は一人もいません。

わが子が苦労してでも自分のやりたいことを貫こうとすれば、親は最大の理解者と

なって陰で応援してくれています。子どもがどうしているか人づてに聞いたり、子どもがつくった商品を自分の宝物のように後生大事にとっていたりするものです。

そんな親の気持ちにあなたは気づかないかもしれません。そこで親が自分のことを応援してくれていると知ったら、あなたは自分の不明を恥じることでしょう。

あなたは、自分がやりたいことをやろうとしただけです。親も自分の考えを押しつけようとしたことを悔やんでいますが、なにより子どもが自分のやりたいことをやって幸せにしていることがとてもうれしいのです。

自分勝手に生きてばかりいて、親が喜ぶようなことはしていない。親を安心させるようなことをしたい。そう思う人もいるかもしれませんが、そんなに自分を責めなくてもいいのです。**自分のやりたいことをやることが、実は最大の「親孝行」なのですから……。**あなたは、もう十分に親孝行をしています。

↓

親が喜ぶことではなく、自分のやりたいことを貫く

親

Mind

第3章

いま、この瞬間からマインドを変える

MOTIVATION

032

朝一番に体を動かす

やる気があるから行動するのではなく、行動するからやる気が出てくる――。

多くの人が誤解しているようですが、**やる気と行動の関係は、行動が「先」でやる気は「後」なのです。**

今日はやる気がしない……。誰にでもそういう日はあるものです。もし朝起きたときに「なんだか気が重いなぁ」「何もする気がしない」と感じたら、ボーッとせずに体を動かしてみます。

ウォーキングでも掃除洗濯でもいいので、**時間にして10分くらい、忙しければ5分**

くらい体を動かします。あるいは会社に自転車で通勤してみるのもいいかもしれません。

体を動かしているうちに、血行もよくなって気分も快活になってきます。そうすると、さっきまで調子が出なくて、「やる気がない」と思っていたのに、前向きな気持ちに切り替わることがあります。

好きなことはやる気を出さなくても取り組めるものですが、ルーティンワークや雑用、後片づけなど、面白みのないことにも取り組まなければならないこともあります。当然、やる気もなく何も考えずにダラダラとやるから、いい加減になってしまう。それでは、やるだけムダです。

やる気が起きないときは、ムリやり気持ちをつくるのではなく、体からアプローチしてみましょう。朝一番に体を動かすことでやる気を出すようにします。

やる気

↓

ボーッとせずに、ウォーキングする

MOTIVATION

033

あなただけのおまじないを持つ

イチロー選手がバッターボックスに入るときは、いつも同じ動作をします。同じ動作をする（同じ体の動きをする）ことで、ピッチャーとの対戦に集中するモードに入っていきます。これらの動作は、一種の儀式です。

この動作をする前も後も表情はまったく変わりません。打席に入るときに、「よし、ヒットを打つぞ」と気合を入れることもありません。つまり、イチロー選手はバッターボックスで決まった動き＝儀式をすることで、心を整えてスイッチを入れているのです。

どんな状況でも結果を出すのが、「プロフェッショナル」です。結果を出すためには、イチロー選手のように、**自分なりの勝ちパターンや勝利の方程式を確立していたほうが得策です。**

自分なりの勝ちパターンが、儀式です。それがあれば、どんなに状況が変化しても、冷静さを保つことができます。何でもそうですが、漫然とやるのでは、結果は高が知れています。「コレをやれば大丈夫」というものを持つと、自信を持って臨めるようになります。相手や空気に飲み込まれることもなくなります。

たとえば、ガッツポーズをする。深呼吸をする。屈伸運動をする……。

何でもいいのですが、そうした**自分にスイッチを入れる動きを一つ持つと、どんな状況に置かれても、しっかり成果を出せるようになります。**決まった動作をする儀式とは、実は結果を出すための「おまじない」なのです。

↓

漫然とするのではなく、自分の勝ちパターンを確立する

やる気

034

苦手なことにトライする

苦手なこと、嫌いなこと、向いていないこと。自分にとってマイナスなイメージを持つものにこそ、チャンスがあります。

わたしは何も苦手なこと、嫌いなこと、向いていないことに「積極的に取り組め」と言っているわけではありません。苦手なこと、嫌いなこと、向いていないことはあってもいいし、それらを「しない」という選択もアリです。

ただし、そうした**一見マイナスに見えることの中に、自分を成長させてくれる要素があります。**そうしたことに取り組めるようになるために、ベテランの人や先輩にどうすればいいか聞いて回るのも有効です。

自分の足で歩いて解決策を探っていくと、「こうやったらいい」というヒントも見つかります。そして、いつの間にか苦手なこと、嫌いなこと、向いていないことに前向きにトライできるようになっているものです。少なくとも毛嫌いする気持ちは少なくなっています。

一つ苦手なことに対処できるようになったら、また一つ取り組んでみる。

これを続けていると、まったく新しい仕事に取り組むときにも「やったことはないけど、なんだか面白そうだ」と楽しみながら取り組めるようになっています。ピンチのときにマウンドに立つ抑えピッチャーがどんな打者相手にも動ぜずにピッチングできるように、知らないうちに自分の力を遺憾《いかん》なく発揮できるようになります。

苦手なこと、嫌いなこと、向いていないことは、ピンチではありません。自分を成長させる格好のチャンスなのです。

やる気

↓

苦手なことを毛嫌いせずにやってみる

MOTIVATION

035

つまらない仕事をトレーニングだと思う

「もっと大きな会社に行けば、活躍できるのに」

「あの上司の下で働くなんて、やってられないよ」

やる気が出ないのを、周囲や環境のせいにする人がいます。またニンジンをぶら下げられたら、急に「やる」と言い出す人もいます。

こうした人はもし目の前のご褒美《ほうび》がなくなったら、その人は途端にやる気をなくしてしまいます。外部にやる気を求めたら、その人の成果は環境次第ということになりますから、コンスタントに安定した結果を出すことができません。

好きな仕事ややりたいことをやっているから、やる気が出るのではありません。**やる気は自分の内から発せられるものであり、自分でコントロールすべきものです。**

もしいま、つまらない仕事、面白くないことしかやらせてもらえないのであれば、こう考えるといいのです。**不本意な仕事は自分でやる気を起こせるようになるための「トレーニング」なのだと——。**

面白くない仕事でも、まずトライしてみます。やり始めたら「これは1時間かかると思っていたけど、40分くらいで終われそうだ。よし、絶対に40分で終わらせる」と、やる気がわいてくるものです。

最初からどんなことにもやる気がある人なんて、おそらく世界中に一人もいません。

やる気は行動した結果、生み出されます。

やる気

↓

1時間ではなく、40分で片づける

MOTIVATION

036

自分を甘やかさない

「最近の若者はちょっと厳しくすると辞めてしまうから、つい甘やかしてしまう」

たまに、こうぼやく経営者にお会いします。残念ながら、それは**若者ではなく、自分を甘やかしていることに、本人は気がついていません。**

もし本当にその経営者が厳しくするから辞めるのだとしたら、若者だけでなく、中堅やベテランだって辞めるはずです。おそらく古くからの社員は辞めないでしょうから、若者が辞めたのはその経営者のコミュニケーションや態度に不満を感じて、「ここにいては自分が成長できない」と思ったからかもしれません。

逆に、厳しく指導するのを放棄して甘やかしているとしたら、それこそ若者の成長チャンスをゼロにしてしまいます。

もしあなたに**本気と覚悟があるのであれば、妥協することなく部下や後輩を厳しく鍛え上げればいいのです。**

厳しくて音を上げる人間がいたら脱落しても構わない。その代わり、残ってついてきた人間は見込みがあるし、一人前になれば大きな戦力になる。

そう考えれば、他人を甘やかすことなどできないはずです。何より自分自身を甘やかしていてはできないことです。もちろん、そこには「後進を育てよう」という愛情と、自分自身にも厳しくする姿勢がなければなりません。自分には甘くて、他人にだけ厳しい人についていく人はいません。

愛情を持って接すれば、部下や後輩も「この人についていけば、成長できる」と信じて、厳しさを乗り越えてくれます。あなたにその覚悟があれば……。

やる気

↓

他人も自分も甘やかさず、厳しくする

NEVER GIVE UP

037

自分を信じる

「なかなか結果が出ない」

「自分には向いていないかもしれない」

「いつもみんなに追い越されてしまう」

仕事や勉強で**なかなか成果を出せない人に共通しているのは、「自分自身を信じていない」ことです。**自分より成果を出している人が身近にいると、その人と自分の差を痛感して、「やっぱり自分には無理だ」とあきらめてしまう。

「自分を信じていない」人は、あきらめるのが早いものです。自分の可能性を信じることができず、未来の自分にも期待していないから、困難や一度や二度の失敗に直面すると、「もういいや」とすぐにあきらめてしまいます。

実は、あきらめているのは、難関資格の合格や仕事で成果を上げるといった現実的な夢や目標ではありません。夢や目標はいくらでも変更したり、立て直したりできます。

あきらめてしまっているのは、ほかならぬ自分自身です。自分自身をあきらめてしまっているから、自分の可能性を信じることができないのです。あきらめるのは、カンタンです。あきらめるのが好きな人は、サッサとあきらめればいいのです。

多くの人は誤解していますが、自分を信じていない人が結果を出すことはありません。もし自分を信じていない人が結果を出すことがあったとしたら、それは単なる偶然か、「棚からぼた餅」です。あきらめなければ、どんな逆境に置かれていても、自分の人生を立て直すことができます。

あきらめない

↓

棚からぼた餅ではなく、自力で活路を開く

038

未来の自分に期待する

「あきらめない」と「自分を信じる」は、コインの裏表です。

どんな大問題が自分の身に降りかかっても、この二つの気持ちをなくさなければ、たいていのことは乗り越えることができます。

「あきらめない」とは、自分の未来を素晴らしいものであると信じてやまないこと。

「自分を信じる」とは、一番輝いているのは自分しかいないと心の底から思えること。

自分自身の可能性を信じるということです。

いまの自分自身の状態、成績はあまり関係ありません。いまの自分がどん底であっても、自分を信じることはできます。

いまの自分に実力が足りなくとも、精いっぱい努力をし、能力を磨いてスキルを上げていく。自分自身を成長させていけば、未来の自分はきちんと成果を出すことができる——。

このように**いまは不遇でも将来の自分に期待することが、「自分を信じる」ことです。**未来の自分に期待できるからこそ、人は現在の厳しい練習やつらい修行も乗り越えることができます。

自分を信じているから、あきらめない。そう胸に刻みながら毎日を生きていると、毎日が楽しく感じるようになります。どんなに疲れていても、明日が来ることが、とても待ち遠しくなります。

今日ではなく、明日を楽しみにする

あきらめない

039

自分を卑下・否定しない

「いまの君の実力では無理だよ」

「まだ勉強が足りない」

「もう1年待ったほうがいいんじゃやない？」

他人からいまの自分を否定されるようなことを言われると、誰でも自信を喪失してしまいます。特に「やめたほうがいいよ」という親切の皮をかぶった忠告は、負け犬が仲間を増やそうとする悪魔のささやきですから、うっかり聞き入れたりしてはなりません。

あきらめない

相手の言葉を真に受けず、自分を信じる

まだ結果を出せないでいるからといって、いまの自分を卑下する必要はありません。

「自分なんてダメだ」と自己否定するのも間違っています。自分の実力が足りないのだとしたら、そのことをしっかり認識するだけでいいのです。

いまの自分をきちんと認識できたら、「やるべきこと」が見えてきます。やるべきことが分かったら、自分を信じて行動すればいいのです。

実力がまだ足りないあなたには、「やるべきこと」がたくさんあります。いまのあなたには、「やるべきこと」をやるだけの時間しか与えられていません。自分を卑下したり、自己否定したりする時間などないのです。

040

あなたの中の原石を磨く

誰もが「自分にしかできないこと」を持っているものです。もちろん、あなたの中にも「ほかの誰もができないこと」はすでに存在しています。

プロスポーツの世界でタイトルを取るような人、ビジネスで営業成績がつねにトップの人は、誰もができない、自分にしかできないことを、いち早く見つけた人です。

もしあなたがまだ輝かしい成果を出せずにいたり、周りの人から評価されていないとしても、悲観することはありません。自分にしかできないことをまだ見つけ出せずにいるだけなのですから……。

あきらめない

「何もない」と悲観せずに、原石を探して磨く

「自分にしかできないこと」は、世間の常識やものさしで判断するものではありません。**自分の基準で、「これはわたしにしかできない」「わたし以上にこれをできる人はいない」と勝手に決めたり選んだりしてもいいのです。**

たとえば、あなたが会議の資料を作成するのが得意だとします。Ａ４50ページの資料50部をキレイに速く、一枚の漏れもなくつくるのは、意外と難しいものです。社内で一番上手につくれるとしたら、そのワザはあなたの宝石と言えます。その宝石を磨いていけば、資料作成コンサルタントとして活躍することも夢ではありません。しかし、自分で宝石だと思わなければ、「猫に小判」になってしまいます。

あなたの中には、ほかの誰もが持ち得ない原石が必ず眠っています。最初はカン違いでもいいから、あきらめずに磨き続ければ、いつか宝石になることはあり得ないことではないのです。

041

心のお守りを持つ

うまくいかないとき、ついていないなと思ったとき、失敗ばかりのとき。「あいつはもうダメだ」と周りの人は、あなたを見放したり陰口を言うかもしれません。そんなときこそ、「わたしは必ずできる」と思い込んで、そうした周囲の評価を笑い飛ばしてしまいましょう。

実は、**あなたが信じるべきなのは現在の自分ではなく、「未来の自分」です。**未来の自分を輝かしいものにするか、みすぼらしいものにするか。それは、**いまのあなたが未来の自分を信じられるかどうかにかかっています。**

未来の自分を信じることができれば、転んでも何度でも立ち上がることができます。七転び八起きは七回転んでも八回立ち上がったということです。もし未来の自分を信じる気持ちがなければ、七回も転んだら八回目にはあきらめて寝ころんだままでしょう。

成功者とは、成功するまであきらめずにやり続けた人です。おそらく失敗の数は七回どころではないでしょう。何十回、何百回と失敗したはずですが、自分を信じていたからこそ、途中で投げ出さずに何度も立ち上がることができたのです。

「自分を信じる心」とは、つまるところ、未来の自分を輝かしいものにするために、いまのあなたが持つ「お守り」です。そのお守りを肌身離さず大切に持っている者だけが成功するのです。

七回転んでも八回立ち上がる

↓

あきらめない

042

オンリーワンになる

自分の人生の主役は、ほかならぬ自分自身です。あなたの人生の主人公は、あなた以外にいないし、決して脇役にはならないのです。

主人公だからといって、誰かが振り付けをしてくれたり、お膳立てをしてくれるわけではありません。あなたは銀幕の大スターではないのですから、何もしなくていいわけではないのです。**自分自身の能力を最大限発揮できるように努力をして、自分を成長させていくことが必要です。**

どんな夢や目標を立てたかは別にして、あなたは自分の中で「これだけはやる」と決めたことを徹底して追求していきます。あきらめずに自分を信じてやり続けていけば、自分の人生の主人公になることは誰にでもできます。自分らしく輝き続けることができるのです。

オンリーワンとは、「世界でたった一つ」「世界で一番」ということではありません。**自分の人生の主人公として輝くこと――。それが、「オンリーワン」であることの、本当の意味です。**

自分の人生の主人公になれば、ほかの人と自分を比べることはつまらないことだと感じるようになります。あなたは、いますぐにでもオンリーワンになることができるのです。

あきらめない

↓

自分の人生の脇役ではなく、主役になる

OPPORTUNITY

043

身の回りに運命の人を見つける

よく「白馬に乗った王子様」が現れることを期待する人がいます。王子様が現れて、わたしをいまの生活とは違うまったく新しい夢の世界に連れて行ってくれる……。

そう期待するのは悪いことではありませんが、可能性は限りなく低いです。待っていても、いたずらに時間が過ぎるだけです。

誰にでも無数の出会いがあります。それこそ今日一日で何百人、何千人と出会っています。

もし本当に王子様がいるのなら、チャンスはいっぱいあります。一年365日で何

きっかけ

王子様を探しにいかずに身の回りで見つける

万人、何十万人と会っていれば、一人くらいはいそうなものです。それでも**出会わないのは、「運がない」からでも「ついていない」からでもありません。ただただあなたが見逃しているだけなのです。**

本当の王子様は、白馬にまたがってはいません。スーツに身を包んでいたり、Tシャツにジーンズというラフな格好をしていたりするかもしれません。**白馬に乗った王子様ばかり探していれば、自分の身近にいる本当の王子様に気づくこともありません。**

出会いのチャンスは、いまこの瞬間にも存在しています。それは自分で意識していないと、みすみす見逃すことになりかねません。あなたの周りには、たくさんのチャンスが転がっているのです。それをつかめるかどうかは、あなた次第です。

OPPORTUNITY

044

即実行して人生を変える

わたしの人生を変えた出来事の一つは、ナポレオン・ヒル博士の本（『思考は現実化する』きこ書房）に出会ったことでした。わたしはこの本を読んで思考も行動も変わって、歯科医師としての人生だけでなく、著者、講演家、大学教授という四足のわらじをはく人生を歩むことになりました。ただし、本はきっかけを与えてくれたにすぎません。

わたしは読んで感銘を受けたことは即実行しました。「自分を変えよう」と強く意識して行動した結果、ミッションに導かれた人生を歩むようになっていきました。**わた**

しという人間を変えたのは、本ではなく、ほかならぬ自分自身でした。

変わることは苦しいことでもつらいことでも、また大変なことでもありません。新しい自分を発見する、ワクワクする出来事です。

自分が変わった瞬間に、見え方、とらえ方が変わってきますから、世界がこれまでとは異なる、新しい景色に映ります。自分が変わった後に見る世界はどんなに楽しいのだろう……。そう考えれば、自分が変わることに躊躇することはありません。

どんな名著を読んだとしても、あなた自身に「変わりたい」「人生を変えよう」という意識がなければ、「ふーん。こんなこともあるんだ」「いい本を読んでよかった」という自己満足で終わってしまいます。人生を変えるきっかけにはなりません。

どんな大事故や奇跡が起こったとしても、**「人生を変えよう」「変わりたい」という要因は、自分自身の中にしかないのです。**

きっかけ

↓

自己満足するのではなく行動する

WORRY

045

ご褒美を先に買う

ダイエットをしたいのなら、確実に実行できる方法があります。それは、**ワンサイズ小さい素敵な洋服を先に買っておくことです。**

ワンサイズ小さいのですから、いまはきつくて着ることはできません。ムリして着ても、みっともないだけです。

そこで「やっぱり買わなければよかった」とガッカリしてはいけません。それよりも「せっかく買ったのだから、この服が似合う自分になろう」と思うようにするのです。

そして、その洋服をいつでも自分の視界に入るところに置いておきます。毎日毎日眺めて、その服を着てパーティーへ出かけ、周囲の視線を一斉に集めている自分をイメージすれば、なおいい。

そうすると、**潜在意識が〝素敵な服の似合う自分〟になるように誘導してくれ、自然とダイエットできるような行動、生活習慣に変わっていくのです。**ムリな運動や食事制限をする必要もありません。

たったそれだけですが、3カ月もすれば、その素敵な服が似合うような体形に変わっているはずです。

どうしてもしたいことがあったら、先にご褒美となるものを買ってしまう。どうやって目標を達成するかと悩むより、とりあえず行動してしまう。ときにはそんな大胆なことをしてみると、あなたの日常に刺激と変化を与えることができます。

悩み

↓

ムリなダイエットをしなくても、自然に痩せる

WORRY

046

「一日オタク」になる

なかなか思いどおりにいかない。自分で思い描いた結果とは違う。理想が高ければ高いほど、それを極めるのは困難を伴います。

理想の自分と現在の自分にギャップがあるから、人は悩みます。悩むことは悪いことではありませんが、それがいきすぎると、悩みのループにはまって抜けられなくなってしまいます。「うつ」になることもあるかもしれません。

もし悩んで苦しいのであれば、思い切って自分を解放してみるのです。その**自分を解放する方法とは、「オタクになる」ことです。**

誰にでも人には言わないヒミツのこだわりや趣味はあるはずです。もしかしたら、他人が見ると、「何それ？」と笑われてしまうものかもしれません。しかし、**それをとことん追求してみるのです。**

仮に鉄道が好きだったとすれば、一日か二日、鉄道オタクになりきります。あるいは、切手オタクでもお墓オタクでも工場オタクでも構いません。日ごろはなかなか外に出すことはできない自分の中のオタクを解放します。

オタクになってリフレッシュしてみれば、**自分が抱えていた悩みを別の角度から眺められるようになり、また違ったかたちで理想とする自分を追求できるようになります。**

一日オタクになれば、夢や希望に満ちあふれていた、あのころの自分を取り戻せるはずです。

悩み

↓

こだわりを隠さずに、オープンにする

WORRY

047

理想を高く掲げる

「営業成績でトップを取りたい」

「作品のクオリティーを高めたい」

「誰にでも笑顔で接する人になりたい」

自分自身が定めた目標や思い描いている理想に対して、まだそこまで達していないとき、人は「どうすればいいのだろう」「ほかにどんな方法があるのだろう」と思い悩みます。

他人から見れば「そんなのムリだよ」と思うこともあるかもしれませんが、本人にとってはどうしても達成したいことなので、悩まずにはいられません。ギャップがありすぎるので、ときには眠れない夜を過ごしたり、胃がキリキリ痛んだりするような日々が続くこともあります。

悩みは、理想といまの自分とのギャップがあるから存在します。理想が高ければ高いほど、悩みは大きく、また深いものになります。

悩んでいる人は、理想が高い人です。そもそも理想がなければ、悩むこともありません。人は、悩んで大きくなるものです。理想を実現するためには、ギャップを埋める行動をするしかありません。

もしいま、**あなたが悩みを抱えているとすれば、それは素晴らしいことです。**いまのあなたには到底実現できそうもないほどの高い理想を掲げているのですから……。

その悩みを解決するには、理想を実現するしかありません。

悩み

↓

悩むより、ギャップを埋める行動をする

WORRY

048

答えは自分で出す

「いまの会社にいても、やりたいことができるかどうか分からない。転職するギリギリの年齢だから、どこかほかへ移ろうか」

「結婚してもいいけど、いまは仕事が面白い時期。もう少し先ならいいけど、それまで相手は待ってくれるだろうか」

今後の人生を左右しかねない悩みを抱えているとき、人は「どうしたらいいだろうか？」と他人にアドバイスを求めたがります。それは、自信がないからでもなく、ただたんに**相手に「大丈夫だよ」と言ってもらいたいからです。**

そこで「それはよくないよ」「もう一度考え直したら」と自分の出した答えとは違うことを言われると、「わたしの考えは甘いのかも」と再考してしまう。よくあることですが、そこで**アドバイスに従ってしまったら、自分の人生を他人に決めてもらうのと同じです。**

自分の中で答えはもう出ているのですから、人に会って確認する必要はありません。その答えが99％正しいと思っても、１％の不安があって、その１％を埋めてもらいたいから、人に話を聞いてもらいたいだけです。答えはもう出ているのだから、いまさら人に会っても意味がないのです。

１％の不安を埋めてくれる唯一のものは、他人のアドバイスではなく、自分自身の行動です。行動することで不安を解消して、答えを正しい方向へ導いていくしかありません。

悩み

↓

アドバイスに従うのではなく、自分で決断する

WORRY

049

正解を探さない

人生において「こうすれば絶対にうまくいく」という正解はありません。偉人のやり方をそっくりそのまま真似てもうまくいかないように、ある人にとっての正解が別の人にとっては不正解になることは、往々にしてあります。

そもそも**正解がないのですから、「このやり方とあのやり方では、どっちが自分に合うのだろうか」と、迷っても意味がありません。**迷いながらも選択したやり方が「うまくいった」「自分に合っていた」なら、それが正解です。「うまくいかなかった」「自分に合わなかった」なら、不正解だということです。

不正解だったとしても、「やっぱりあっちを選択すべきだった」と後悔したり、自分自身を責めたりしても、何の意味もありません。事実は、そのやり方が不正解だったということだけです。だとしたら、あなたがうまくいく、合うやり方を探せばいいのです。もしかしたら、その次に試すやり方が正解かもしれません。

正解か不正解かは、始める前には誰にも分かりません。やってみた結果、それが正解だったか不正解だったかが分かります。**正解は探すのではなく、試してみて初めて分かるものです。**

あなたがどんなに迷っても、それはそれで構いません。迷いたければ気が済むまで迷っていてもいいです。しかし、誰にも正解は分からないのですから、迷うことには何の意味もないのです。

悩み

↓

正解を探すより、試してみる

050

今日一日全力を尽くす

心配と不安は違います。心配とは「今日は雨が降らないといいな」という現在進行形であり、不安は「円高が続いたら、利益が減ってしまう」という未来形です。

今日一日雨が降らないで終わったら、心配はなくなりますが、円高が続くかどうかはこの先もずっと分かりません。その意味では、不安に終わりはありません。

不安に思っていることが現実になるのは、環境や他人のせいではありません。自分が自ら不安を引き寄せてしまった結果なのです。**不安を抱え続けることは、あなたの中に悪いことが起こるタイマーをセットしたことと同じです。**

ムリに不安を「なくそう」「なくそう」とすれば、かえってとらわれてしまいます。不安には終わりがないですから、いつまでもとらわれることになりかねません。**不安にとらわれないようにするには、今日できることを全力で、本気で取り組むことです。**

どんな人でも、一日にできることには限りがあります。今日中に明日、明後日のことをやってもいいですが、毎日それが続くはずがありません。それよりは今日一日できることをすべてやり尽くす。今日全力を尽くせば、満足した、また爽やかな気持ちで一日を終えることができます。

その日一日を本気で生きれば、未来に対して不安を感じている暇もなくなります。毎日毎日を全力で駆け抜ければ、あなた自身の中に不安が入り込むスキマがなくなるのです。

不安

↓

明日できることではなく、今日できることをする

INSECURE

051

不快な感情を捨てる

仕事でミスをして上司に怒られたり、取引先からクレームをもらう。そういうときはイライラしたり落ち込んだりネガティブになったりして、自分の中に不快な感情をためてしまいます。加えて、その感情を引きずりがちです。

ポジティブになろうとしても、カンタンにできる人もいれば、できない人もいます。あなたがすぐにポジティブに気持ちを切り替えられればいいですが、そうでなければ**不快に思っていることを一度紙に書き出してみるといいかもしれません。**

なぜ不快なのか。その原因は何なのか。どうすれば解消するのか。そういったことを赤裸々に書き出していきます。

たとえば、取引先からクレームをもらって、「冗談じゃない」と思った。その原因は相手が１日早く納品するように要求したから。相手の要求に応えようとして、わたしは一生懸命やったのに、つい急いで検品が甘くなってしまった。時間がないなりに自社も頑張ったけど、ダブルチェックしていれば、防げたかもしれない……。

このように書いていくと、途中でイライラした気持ちが収まって、スッキリします。同時に**「やはり自分にも落ち度があった」と冷静に判断できます。**

不快な感情は、扱いが難しいものです。ためてしまえば、誰かほかの人に八つ当たりしたり、ストレスになったりしかねません。紙に書き出すことで、ゴミを捨てるようにキレイサッパリ処理できるのです。不快な感情を持っていても、いいことなど何一つありません。

不安

↓

ムリにポジティブになるよりイライラを捨てる

INSECURE

052

思い込みをなくす

不安とは思い込みにすぎません。「うまくいかない」「成功しない」と思っていても、それは現在の自分の推測でしかないのです。未来の自分が数々の難題・試練をクリアして、現在の自分の不安を吹き飛ばしていることは十分にあり得ます。

不安とは、水たまりのようなものです。ヒョイッと飛び越えればなんでもない小さなものなのに、そこに意識が向かってしまうと、足が思うように動かないため水たまりに浸かってしまいます。

そして、最初は水たまりにすぎなかったものに、ズルズルとはまってしまいます。気がついたら、小さな水たまりだったものが沼になり、やがて底なし沼になります。底なし沼となった不安は、あなたを飲み込んで、もはや身動きが取れない状態にしてしまうのです。

実は**水たまりを底なし沼にしてしまったのは、あなた自身です。**大きさは変わっていないのに、あなたの思い込みがただの水たまりを底なし沼にしてしまったのです。そうであるならば、水たまりをないものにするのも、思い込みの力でできるということです。

これから起こることを不安と感じるか楽しみと感じるかは、思い込み次第です。周りの人がどんなに大変だと思ったとしても、あなたが「できる」と思えば不安を「安心」に換えることができます。

不安

↓

大変だと思わず、安心してしまう

SERIOUS

053

ブレない軸を持つ

「わたしのミッションはこれだ」

「わたしは○○をやるために生まれてきた」

そういう使命をもち、使命を果たすために目標を設定し、その目標達成のために、本気で生きる。**使命とは、何があってもブレない軸です。**そういう軸を持つと、迷うことがなくなります。

ひたすらその目標達成のために毎日を全力で生きていますから、行動は一直線で「こっちも面白そうだ」と脇道に逸れることもないのです。**本気で生きるとは、どこまで**

本気

余計なことで悩まず、軸を持つ

も真っすぐ続く「人生の一本道」を歩いていくことです。

一本道と言っても、平坦であるとは限りません。アップダウンもあれば、障害物が行く手を塞いでいることもあります。でも、それしか前に進む道はありませんし、乗り越えれば先に進めることは分かっています。

ブレない軸を持つと、悩むこともなくなります。考えることは「ちょっと疲れたから、休もう」「今日はスピードアップしよう」というペース配分くらいです。本気で生きていれば、ミッションに基づいた目標を達成することがすべてで、あれこれ余計なことを考えている暇はないのです。ブレない軸を持つと、生き方がとてもシンプルになっていきます。

SERIOUS

054

頼まれたら、すぐにやる

部下や友人、家族から「分からないことがあるんですけど」「ちょっといい?」などと相談されたり、何かを頼まれたりすることがあります。そういうときはたとえ自分が本気で仕事や勉強、あるいはほかの重要なことに取り組んでいても、「分かった」と**すぐに全力で応じてみましょう。**

相手も忙しいときに邪魔をしたら悪いと思って、恐縮しながら頼みごとをしています。自分では解決できないことだから、あなたに頼んでいるのであって、悪気があるわけではありません。

「忙しいから、後にしてくれ」

そのように邪険にするようでは、あなたの沽券《こけん》にかかわります。頼んだ相手に本気で向き合っていないことを図らずも露呈《ろてい》しているにすぎません。

もしNOと言ったり、後回しにするとしても、いつかは対応しなければなりません。その間に問題が大きくなれば、やらなくていいことまでやる羽目になるかもしれず、それこそ余計な負担を強いられます。

それよりは**YESと言ってすぐに相手の言うことに対処してしまえば、問題も大きくならず解決します。**なおかつ自分のやるべきことに今度は誰にも邪魔されずに取り組めます。相手の頼みごとも本気でやれば、すぐに解決できます。

すぐにやれば、「どうしようか」と迷っている時間さえもいりません。いますぐ相手の要望に応じても、困ることはあまりないのです。

本気

↓

頼まれてもNOと言わずにYESと言う

SERIOUS

055

一瞬一瞬にベストを尽くす

あなたは本気で生きていますか。**本気とは、いまこの一瞬に自分のベストを尽くすことです。**

仕事なら与えられたことや自分でやると決めたことに、いまの自分が持っている能力を最大限に発揮して全力で取り組む。趣味や旅行、人付き合いといったプライベートも同じです。

ほかのことはすべて忘れて、真正面から向き合い、心の底から楽しもうとする。つまり、**いま自分がしていること、向き合っていることに心と体を１００%集中させる**

ことなのです。

もし何かに取り組んでいて、「早く終わったらいいな」とか「つまらないな」と思うのは、ほかのことを考えていて、集中していない証拠です。それでは本気で生きているとは言えません。

いま、この瞬間にやることは、たった一つ、目の前にあることだけです。本気で向き合っていないから、「つまらない」「早く終わればいいのに」と感じて、上の空になってしまうのです。

「〇〇をやる」と決めたのは、あなた自身です。たとえ上司に命令されたと言っても、その仕事を引き受けた時点で自分がやると決めたことと同じことです。

いま、この瞬間にやることは決まっています。その決まったことに一心不乱に取り組んで、自分の能力をすべて出し尽くす。それが、「本気」ということです。

本気

↓

目の前のことだけを考えよう

SERIOUS

056

環境を整える

いま、この瞬間に全力を尽くすことが、まさに「生きている」ということです。過去でも未来でもない、いまを生ききる——。本気で行動すれば、そういう心境に達するようになります。

本気で行動することは、いま、この瞬間からできます。「こんな環境では何もできない」と周りのせいにして、不真面目で無計画で、勝手気ままに生きていたとしても、本気になった瞬間から少しずつ軌道修正されていきます。寄り道して脇道に逸れていったとしても、人生の一本道に戻ることはできるのです。

本気で行動している自分は、本気で生きていなかった自分とはまったくの別人です。

おそらくそう実感するようになるのは、３週間が経ってからでしょう。

「あれ、なんか前とは違う」

あなた自身が成長しているから、視界が広がって見える景色も変わってきます。周りも半ば歓迎、半ば戸惑いながら接してくれて、自分と周りを取り巻く環境も変わっていきます。

本気の行動は、自分と周囲に変化のうねりを起こします。自分自身だけでなく、周りも変化させていきます。それは、環境を変えたのではなく、よりよい環境をつくったということです。本気になると、自分のやりたいことがますますできるように環境が整っていきます。


環境を変えるのではなく、よりよい環境をつくる

本気

SERIOUS

057

いつでも本番に備えている

毎日毎日を本気になって行動すれば、必ずその日一日のベストパフォーマンスを出すことができます。もちろん、本気になったからといっても、プロのサッカー選手になったからといって試合に出場していきなり「ハットトリック」を決めるわけではありません。

最初は試合に出られないのが、当たり前です。「まだレギュラーではないから、ゆっくりやっていこう」と、のんびりしていてもダメだし、いい加減で適当に練習しているのはもっとよくありません。

チャンスをつかもうと思うのであれば、控えのうちに24時間サッカーのことだけを考えて、本気で練習し、マインドも強くなるようにトレーニングしていきます。**いま、この瞬間に生きている自分が本気で行動すれば、必ず自分の持っている能力がバージョンアップします。**

その本気の行動が積み重なると、試合に出場するチャンスがやって来ます。いきなり出場しても、ゴールのチャンスをものにすることができます。それを続ければ、いつしかレギュラーになって、ハットトリックを決められるようになるのです。

ただし、それは、試合に出られないときも本気で練習し、本気でサッカーに向き合う時期があったからこそ、可能になることです。本気で生きているからこそ、「このままでは終われない」とあきらめずにチャンスを待てるようになります。そして、本気だから、来たチャンスは必ずものにしようと、頑張ることができるのです。

本気

↓

チャンスを逃さずに、ものにする

SERIOUS

058

二者択一をしない

「あのときもうちょっと強く言っておけばよかった」

「やっぱり向こうを選べばよかった」

人は自分がそれをしないで後になって思わしくない結果が出たときに「やっておけばよかった」と後悔します。本当はできるのに、「まぁ、何とかなるだろう」と高をくくってやらないでいたから、余計に後悔するのです。後悔はいつも後、やる前から後悔する人はいません。

なぜ人は後悔するのかというと、選択しているからです。AとBという二つの選択肢があったときに、ＡとＢのどちらかを選ぶ確率は50％ずつですが、いろいろな思惑や事情、条件を比べながらさんざん迷った末に決断して、結果がうまくいけばいいですが、Ａを選んで失敗すると、「やっぱりＢだった」と後悔することになります。**二者択一しようとするから、余計に迷ってしまうのです。**二者択一は、ベターを選ぶものですから、後悔の元です。

そもそも毎日、**何かに全力で取り組んでいれば、「これだ！」というベストな答えが自然に出てくるものです。**それは、潜在意識の導きです。

本気で生きていると、目の前に問題が起きても、ベストな選択が自然にできるようになります。そこには二者択一する余地はありません。わたしはどんなことが起きても、二者択一をしたことがありません。いつも目の前にあることに本気で取り組んでいるから、自然にベストな答えが導き出されて、それを当然のようにするだけです。

本気

↓

ベターではなく、ベストを選ぶ

SERIOUS

059

常に頂上を目指す

「あれをやりたいけど、これもいい」

「この中ならこれが一番よさそうだ」

何かをするときに、あれこれ比べて取捨選択すると、迷いが生じます。もしお金とか地位、名誉などを基準にすると、「条件」だけが基準となってしまいます。もちろん、そういう生き方を求める人がいても構いません。

ただしそういう**外部環境を基準としている限り、人生の一本道を歩いていくことはできません。**自分の行動基準がお金である場合、満足するお金を得られなくなったら、方向転換やUターンしたりしてあっちへフラフラ、こっちへフラフラして、結果的に流された生き方をするようになってしまうのです。

実は、人生において選択肢はそんなに多くはありません。ミッション（使命）を持ち、人生の目標を設定したら、目指すべきところは一つしかないのです。

人生のゴールは、頂上しかありません。頂上に登ろうとしたら、ほかに寄り道している暇などないのです。

仮に本気で頂上を目指して登ったのに、天候が悪化して五合目や八合目までしか登れなかったとしても、それはそれでいいのです。頂上まで本気で目指すことが大切なのであって、途中でリタイアせざるを得なくなったら、再挑戦すればいいだけの話です。

本気

↓

外部環境ではなく、ミッションを基準にする

Action

第4章

いま、この瞬間から行動を変える

WORD
060

言葉という鏡を磨く

朝起きてから夜寝るまで、毎日毎日、わたしたちは数えきれないほど多くの言葉を口にしています。家族や友人、あるいは職場の上司や部下、取引先、道ですれ違った人まで――。相手が誰であっても、またグチや独り言など自分に向けたものであっても、話した言葉はすべてあなた自身の潜在意識から発せられたものです。

言葉を変えれば、意識が変わります。意識が変われば行動が変わります。行動が変われば、人生が変わります。

成功したいと思うのなら、自分を信じて「絶対に成功する」と、ずっと口にする。そ

言葉

「うまくいかない」ではなく、「成功する」とつぶやく

うありたいと思う理想の言葉を口グセになるまでつぶやく。間違っても「うまくいかないよ」なんてグチは言いません。

美しい言葉は、美しい心から生まれます。美しい心は、美しい言葉から生まれます。どちらがニワトリでどちらが卵かは分かりませんが、言葉と心は切っても切れない関係にあります。**自分を変えたいと思うのであれば、まずは言葉遣いから変えていく必要があります。**

言葉の力を過小評価してはいけません。あなたが口にする言葉の一つひとつが、自分自身の未来を明るいものにするか暗いものにするかを左右します。

言葉は、あなた自身を映す鏡なのです。

WORD

061

ムリにポジティブな言葉は言わない

「幸せになりたい」

こんな口グセを言う人は、いつまでたっても幸せになれません。なぜなら「幸せになりたい」と言っている時点で、その人は幸せではないのですから……。そう口にした瞬間、自分で「幸せではない自分」を認めてしまっているのです。

もし心から幸せになりたいのなら、「いま、わたしは幸せだ」と口にするのです。言葉という種を自分自身に蒔いて、自分の力で幸せの花を育てていく。それが、幸せになる一番確実な方法です。

言葉

「幸せになりたい」はやめ、「わたしは幸せだ」を口グセにする

ですが、言葉が人生を変えるからと言って、口にする言葉をすべてポジティブにする必要はありません。

誰でもスランプになったり、落ち込んだり悩むことはあります。そんなときに「わたしは幸せだ」と言うのは、ムリがありすぎます。ムリやり気持ちをコントロールしようとすると、かえってストレスになりかねません。かといって、「つらい」「苦しい」「不幸だ」と口にするのでは、ますますつらさ・苦しさ・不幸が増すばかりです。そんなときはこう言ってみましょう。

「今後の人生の糧になるいい経験をした。明日にはきっといいことがある」

こう言うと、つらい気持ちもいつの間にかどこかに消えて、明日への活力が体にみなぎってくるのを感じるはずです。

WORD

062

相手が喜ぶ言葉で話しかける

どんな言葉で話しかければ、相手が喜んでくれるだろう……。そう考えながら言葉を使う習慣を持ちたいものです。

相手が喜ぶからといって、心にもないお世辞や歯の浮くような言葉を使っても、かえって逆効果です。相手は表面的には喜んでいますが、「何を考えているのだろう」と、内心では警戒しています。

好きな言葉は一人ひとり異なります。自分が好きな言葉でも、相手は何の関心もない言葉だったりすることもあるのです。

言葉

「ねえ」「あなた」を「○○さん」に変えて話しかける

一つだけ、誰もが言われて、うれしくなる言葉があります。それは「名前」です。

わたしは病院で患者様をいつも名前でお呼びしています。誰でも「お客様」より「井上様」と、自分の名前で呼ばれたほうが気分はいいし、誇らしい気持ちになります。「ねえ」「あなた」「そこの君」なんて言われたら、相手を一人の人間として見ていない証拠です。言われたほうは機嫌が悪くなるどころか、そう呼んだ相手を嫌いになってしまうでしょう。

つけ加えて言えば、会社でも家庭でもショッピングでも、**ただ「ありがとう」と言うのではなく、「○○さん、ありがとう」と言うようにしましょう。**名前と感謝の言葉という最強の組み合わせを用いれば、双方の心の距離は一気にグーンと縮まっていきます。

WORD

063

言葉が未来をつくる

言葉は自分自身の鏡であり、自分を成長させるエネルギーであり、人生そのものです。ただし、使い方を間違えれば、自分はおろか人を傷つける凶器にさえなってしまいます。

あなたの使っている言葉はあなたの過去であり、現在です。

これからも同じ言葉を使えば、これまで歩んできた過去と同じような未来が訪れることになります。

しかし、言葉を変えることで過去や現在とはまったく異なる新しい未来を手にすることができます。

使う言葉をつねに意識しましょう。

美しい言葉を使うことで美しい人生を、明るい言葉を使うことで明るい人生を歩めるようになります。

それだけにとどまらず、明るく美しい言葉を使うことで、あなたの周りにいる人の人生を明るく美しいものにすることもできるのです。

他人に使う言葉もそうです。

「あなたに期待しています」そう言われて、発奮しない人はいません。期待してくれる人に応えようとする気持ち。それが、人を成長させていきます。

言葉ほど素敵な魔法はこの世にありません。

言葉の魔法使いになりましょう。

「○○しなさい」ではなく「あなたに期待しています」と言う

言葉

CHALLENGE

064

リラックスしてチャレンジする

あきらめなければ、夢はかなう。わたしは、心の底からそう確信していますので、本気でチャレンジする人は全力で応援します。

新しいことにチャレンジしたり、新しい環境に身を移したりしても、何も過去の自分と決別し忘れる必要はまったくありません。たとえ失敗して新しい事業を始めたとしても、やってきたことがすべてムダになったり、新しいことの邪魔になったりすることはないのです。「今度は失敗できない」と肩ひじを張る必要もありません。

未来は、過去の延長線上にはありません。だからと言って、過去と未来がまったく

チャレンジ

肩ひじ張らずに、肩の力を抜く

つながっていないわけでもないのです。

過去の失敗があって、いまの自分がある。いまの自分が一歩を踏み出せば、失敗した過去とはまったく違う未来が待ち受けています。**過去はどうあれ、新しいことに挑戦することは、未来に続く扉を開けることです。**

チャレンジするとき、背水の陣で臨む気持ちになるのは分からないでもないですが、まずは肩の力を抜きましょう。

力が入ったままチャレンジしても、持っている力を出せずに終わってしまうことは往々にしてあります。

何も一度で結果を出そうと考えなくてもいいのです。ダメならまたチャレンジすればいい——。そういう気持ちでいると、肩の力が抜けて、リラックスした状態でチャレンジできるようになります。

CHALLENGE

065

一歩踏み出す勇気を持つ

新しいことにもチャレンジしたいけど、ここにとどまってもいたい。いまの自分を捨てる不安から新しい一歩を踏み出せないでいることは往々にしてあります。

いまはまだこの場所を離れたくない。まだここでやりたいことがある。本当にそう思うのなら、そこにとどまっていてもいいのです。

ただそのことを、「新しいことにチャレンジしない」理由にするのはよくありません。

新しいこともやりたいけど、ここにいるほうがラク。そうした現状維持は、怠慢でしかありません。

本当は自分でも「新しいことをやりたい」と分かっています。失敗していまの安定を失うから、一歩踏み出せない。それを一番よく分かっているのも、また自分自身です。一歩踏み出すには、「勇気」が必要です。その勇気がいまの自分にはないから、迷ってしまいます。その**勇気は人から与えてもらうものでもありません。自分の中から湧き出すものです。**

いまの自分にないとしたら、どこから手にするのかというと、「未来の自分」です。一歩踏み出した自分が「ここにおいでよ」と手招きして渡してくれるもの。それが、「勇気」なのです。

自分ならできる。そう思ったときに、未来の自分がそっと勇気という素晴らしい贈り物をあなたに与えてくれます。それを手に入れたあなたは、いまの安定から抜け出して、確実に一歩を踏み出すことができます。

チャレンジ

↓

安定より挑戦を選ぶ

CHALLENGE

066

不安を引き寄せない

新しいことにチャレンジするとき、レベルが高い仕事が回ってきたとき、昇進したとき。いまの自分にとって試練が訪れたとき。「自分にできるだろうか」「失敗しないだろうか」と、人は不安を覚えます。

不安は「大丈夫だろうか」「できるだろうか」「自分にはムリかもしれない」というマイナスな感情です。何かを始めるときに、「大丈夫かな」と思ってしまうのは自然なことですが、いつまでもその不安を引きずっていると、いいことは起こりません。

未知の世界に足を踏み入れるのですから、不安を覚えるのはある意味で当然のことです。**不安を感じること自体は、悪いことではありません。**

でも、その**不安の正体が何なのかを知っておくと、心は軽くなるし、うまくその試練を乗り切ることもできます。**

不安なのは、新しいことや仕事、あるいは役職なのではありません。それらはかつて誰かがやったり、務めたりしたものです。今回、あなたにその番が回ってきました。あなたにとっては初めてのことだから「できるだろうか」と不安になってしまうのです。

不安になるのは、「自分の心」です。モノや環境が不安にさせているのではなく、あなた自身が「自分にはムリかもしれない」と、不安という感情を引き寄せています。

できるかどうかは、やってみなければ分からないことです。やる前に不安を覚えてもいいですが、その不安のために尻込みしていては、いつまでたっても次に進めません。**不安の正体は、あなた自身です。**

↓

「ムリ」ではなく、「大丈夫」と思い込む

チャレンジ

CHALLENGE

067

未知の自分に出会う

期待に胸を膨らませて社会人になったのに、上司や先輩にやってくれと言われたこともロクにできずに、「こんなこともできないんだ」「社会人失格」と自信喪失したことは誰にでもあったはずです。もしかしたら、いまそういう気持ちになっている若者もいるかもしれません。

新しいことへのチャレンジには、失敗がつきものです。自転車に乗ることも水の中で目を開けていることもお箸を正しく持つことも、最初の一回で完璧にできた人はいないはずです。どんなに器用な人でも数回のチャレンジと失敗を経て、なんとかできるようになっているものです。

勉強も仕事も同じです。何回かの失敗を経て、ようやく勉強も仕事も覚えるようになります。極論を言えば、**新しいことに挑戦することは「失敗を経験する」ことにほかなりません。**

失敗は、恥ではありません。不謹慎のそしりは免れませんが、**失敗してもいいし、むしろ喜ぶべきことです。**なぜなら、それは積極的にチャレンジした証拠なのですから……。

新しいことにチャレンジして、何かを身につけたとき、それは「自分の知らない自分」に出会うことです。チャレンジしてそれをものにしたあなたは少しかもしれませんが、成長しています。それは、何度も何度も失敗したから実現しました。そこにいるのは、あなたの知らない「未知の自分」です。

↓

知っている自分ではなく、知らない自分に出会う

チャレンジ

CHALLENGE

068

ニュートラルでいる

転職や人事異動、進学や引っ越しをすると、新しい環境に身を投じることになります。自分が望んだか、あるいは命じられたかは別として、あなたが新しいところに転身したことには、必ず意味があります。

人事異動で自分がまったく望んでいない部署に移ったときには不満に思うでしょうし、第一希望の学校に入学したときは期待に胸を膨らませていることでしょう。どちらも自然な感情なので、ここで「いい・悪い」を言うつもりはありません。

ただし、**期待や不満だけで新しいところに身を投じたとすると、足元をすくわれか**

ねません。「期待して入ったのに、イメージが違っていた」と幻滅したり、「やっぱりわたしには合わなかった。もうこの会社の何もかもがイヤだ」とすべてが嫌いになったりしてしまいます。期待と不満があまりに大きいと、その反動が大きくなってしまうのです。

期待と不満のどちらの感情もなくすことは難しいものです。ひとまずそれを置いて、**ニュートラルな感情で新天地に臨むようにします。**最初からニュートラルでいると、第一希望のところでイヤなことがあっても、「そういうこともあるよね」と受け流せるし、望まないところに行っても、「イヤだなと思っていたのに、案外自分に合っていた」ということはよくあります。

新しいところに**環境を移したことには、必ず意味があります。それはしばらく経ってみないと、自分では気づけないものです。**

↓

期待も不満も抱かず、「意味がある」と考える

チャレンジ

CHALLENGE

069

できる人をモデリングする

新しいことにチャレンジするとき、これまでに経験したことがないことをするわけですから、試練や壁が目の前に立ちはだかります。それをうまく乗り越えられない自分にイライラしたり、試練の大きさに怖気づいて、引き返してしまったりすることもあるかもしれません。

どちらにしても、それが高じるとストレスになって、ますますうまくいかない自分を否定したくなってしまいます。それが続くと、自己嫌悪の悪循環に陥りかねません。

新しいことに挑戦するときは、「できる人」をまねるといいのです。お稽古ごとでは、師匠のするとおりにまねてみて、一つずつ動作をマスターして上達していきます。**勉強や仕事も一人でなんでもやろうとせずに、手本を見つけるといいのです。**

上司や先輩、同僚、同級生の中に、自分よりもうまくやっている人がいたら、その人のやり方を観察して、やり方をまねてみる。うまくやっている人のやり方をそのままやっても自分に合わないこともあるので、試行錯誤していく。そのうちに自分なりのポイントを見つけて、いつの間にかマスターしてしまうものです。

試練や壁には必ず、それを乗り越える道やポイントがあります。**最初は自分なりのやり方でやってみて、ダメならモデリングする。**その軌道修正を躊躇することはありません。試行錯誤の数が多ければ、それだけ自分にしっかりとフィットしていくものです。

チャレンジ

↓

自己流ではなく、ものまねする

POSSIBLE

070

入念に練習する

夢に「大きい・小さい」はありません。「プロ野球選手になる」のも「パティシエになる」のも、どちらも同じ夢です。どちらがすごくて、どちらがすごくないなど、第三者が勝手に格付けできるものでもありません。

どんな夢にも、初めの一歩があります。プロ野球選手になるのが夢だとしても、その人がまだ中学生だとしたら、そもそもなることができません。

しかし、**すぐにはなれなくても、そのための準備ならいますぐできます。**素振りをする、ランニングして足腰を鍛える、ウェイトトレーニングで筋肉をつけて速い球を投げられるようにする……。

そうしたことの積み重ねがあって、「プロ野球選手になる」という夢を実現できるのです。ただし、その夢が高く屹立《きつりつ》しているから、「自分にはムリだ」「才能がない」などと言って、できるかもしれないことをやめてしまい、自然とフェードアウトしてしまいます。

先ほど挙げたように、素振りやランニング、トレーニングは誰でもできるものです。それを最後まで続けた人が、夢をつかんでいます。一つひとつは「できた！」と気持ちよく叫ぶものではないかもしれません。

それでも、**できなかったことができるようになった喜びをいつまでも持ち続けて、「できた！」を無数に積み重ねる**ことで、「プロ野球選手になる」ことができるのです。

夢をかなえる人とは、毎日毎日「できた！」をたくさん言った人です。

できること

できないからやめるのではなく、できるまで続ける

POSSIBLE

071

夢をミッションに結びつける

夢を実現するために上京したのに、チャンスがつかめずに、いつまでも下積みのまま。好きだから始めたのに、なかなか上達しないので嫌気がさした……。

やりたいことや夢を追い求めているのに、長続きしなかったり、挫折してしまうのには、必ず理由があります。それは、その**「やりたいこと」「夢」がミッションや使命に結びついていないからです。**

たんに「オシャレなカフェを開きたい」「弁護士になれたらいいな」という願望だけで始めても、実現させようという強い思いがありませんから、壁にぶち当たると、それを越える力が湧き出ることもありません。壁を越える苦しさから逃げて、早々に挫折してしまいます。

もしその**やりたいことや夢がミッションに導かれたものであるなら、なんとしてでも実現させようとして本気になります。**一分一秒もムダにせず行動するし、たとえうまくいかないことがあってもあきらめないし、うまくいくための工夫と改善を繰り返します。

ふだんはあまり意識することはないかもしれませんが、**ミッションは壁や問題にぶつかったときに、一番必要とされるものです。**困難に直面したときほど、ミッションは「なんのためにやっているのか」「どうしてそれを実現しなければならないのか」という原点にあなたを立ち返らせてくれます。原点に立ち返ったあなたは、再び壁を越えようと、一歩一歩進んでいくことができます。

好きで終わらせず、使命にする

POSSIBLE

072

夢を「見える化」する

オリンピックで活躍するような選手は小さいころ、日記や作文に「オリンピック選手になる」と書いている人が多いものです。小さいときに明確な夢や目標を持てる人は、常に「いま、何をすべきか」「これからどんなことをすればいいか」を真剣に考えて、まだ若くても**自分の年齢でできる最大限のことに取り組み、それを繰り返すから、「夢をかなえる力」を自然に身につけることができます。**

目標ができたときに、紙に書くことで自分の中でやるべきことが設定されます。そしてそれを毎日やるという流れができます。

早くからやることで結果も早く出て、達成感・自信が芽生えます。そのやり方がうまくいけば継続し、うまくいかなかったら軌道修正するという「PDCA能力」も磨かれていきます。小さいころから**結果を出すことで、「できる自分」のイメージが潜在意識につくられるので、壁があってもそれをカンタンに乗り越えることができるのです。**

ロンドンオリンピックのボクシングミドル級で金メダルを取った村田《むらた》諒太《りょうた》選手は、実際に「金メダルを取りました。ありがとうございます」と書いた紙を自宅の冷蔵庫に貼っていました。それを毎日見ていた村田選手は、練習のときはもちろん、プライベートでもすでに金メダルを取ったかのような選択と行動をしていたはずです。後から見ていくと、努力の継続が持っていた才能を伸ばしていったのですが、それは、夢を「見える化」したときから始まっていたのです。

↓

目標を持つだけでなく、紙に書き出す

できること

IMPOSSIBLE

073

怒られたら感謝する

親や先生、あるいは上司、先輩、取引先から「こんなこともできないのか」と言われれば、誰でも落ち込んでしまいます。**「自分はダメだ」と思っている人の中には、実は自分ではなく親や周りから「できない人」と勝手に決めつけられて、それを受け入れてしまっていることが多いのです。**

「こんなこともできないの?」と言われても、落ち込む必要はありません。「ああ、この人はそう思うのか」くらいに受けとめるだけで十分です。

たとえば、数字を間違って上司に怒られたとしても、間違えたのは計算だけです。あなたはパソコン処理や書類づくりでは、その上司よりできるし、うまい。それなのに数字を間違えただけで「できない」と思い込んでしまえば、そのほかのできることまで「できない」「うまくない」と思い込むようになり、悪循環に陥ります。

人間には「できること」と「できないこと」の両方があります。

相手から「できない」「ダメだ」と言われても、「そういうこともあるさ。言われてありがたい」とむしろ感謝する気持ちでいるほうが、イヤな時間を過ごさなくて済みます。

相手に感謝すると、怒りの感情が湧くこともなく、冷静になれます。すると「上司が言っていることも一理あるな」と落ち着いて考えられるようになり、自分を向上させようという気持ちになれるのです。

怒られたことを感謝できる自分になりましょう。

できないこと

↓

できないことではなく、できることに目を向ける

IMPOSSIBLE

074

現状維持をしない

あきらめるのは、「現状を守りたい」という後ろ向きな気持ちから生まれます。いまの状態を失うことを恐れる。要するに、現状維持です。

現状維持とは、成長を放棄することです。停滞、もっと言えば、後退です。自分は同じ場所に踏みとどまっているように思っていますが、周りは自分より先に進んでいきますから、一歩も退いていなくても、周りからは結果的に後れをとることになるのです。

未来がよくなると思ったら、いまを守ることより、ドンドン前に向かって進んでいこうとするものです。**未来の自分がいまより成長していると信じているから、前に進んでいけます。**

反対に、未来がよくなることを想定できないから、努力することもなく、いまにしがみこうとします。

あなたが前に進むのか、それとも、いまいる場所に踏みとどまるのか、それは自由です。

ただし、**「未来の自分はこれでいいと思うだろうか」と自問自答してみて、その答えを出してから、「進むか・とどまるか」を判断しても、決して遅くはありません。**

現状維持は、ラクです。成長するために一歩も前に進まなくていいのですから……。

ただし、何もしないことの代償は必ず未来の自分に降りかかってきます。

↓

とどまるのではなく、一歩でも前に進む

できないこと

IMPOSSIBLE

075

人にできないことをする

人にできないようなことをするから、人が得られないような成果を得られます。人ができるようなことをしているだけでは、人と同じような成果しか得られないのは当たり前のことです。

こう言うと、「すごいことをやらなければいけないの？」と思う人もいるかもしれませんが、そうではありません。人にできないこととは、必ずしもフルマラソンを2時間3分で走るとか、円周率を記憶するとかいった前人未到を指すわけではないのです。

ゴミを捨てる日にいつも近所のゴミ捨て場を掃除するとか、お客様の名前だけでなく趣味嗜好まですべて把握しているとか、同じ時間で人より多く、それでいて美しい寿司を握れるとか、人とは違う、かつ人がやらないことをすればいいのです。

一つひとつは誰もができることでも、「毎日続ける」「量をこなす」「質を高める」という条件が加われば、必然的にそれは「人にできない」ことになっていきます。

初めから人にできないことをやろうとしなくてもいいのです。それではハードルが高すぎます。

まずは**ほかの人にもできることの数をこなして、質を高めて毎日継続**できれば、あなたのやっていることはいつの間にか「人がやらないこと」になっていきます。いつの日かそれが、「誰にもできないこと」に変わっていきます。

できないこと

↓

人と同じことではなく、人がやらないことをする

IMPOSSIBLE

076

自分で自分を洗脳する

洗脳というと、いい印象ではないかもしれませんが、わたしが出会った成功者はほとんどが洗脳されています。こう言うと、何か怪しい人に言いくるめられていると思うかもしれませんが、そうではありません。

成功者は、自分で「自分を洗脳している」のです。「絶対に成功する」と、自分自身を洗脳しています。言い換えれば、自己暗示です。

自分で「できる」「うまくいく」「大丈夫だ」と言い聞かせ、うまくいっていることをイメージしています。最初から自分のことを「できる人」「うまくいく人」だと思っているし、そのように行動しているから本当に「できる人」「うまくいく人」になっていきます。

うまくいくことを１００％確信しているし、**もしうまくいかないことがあっても、「問題解決のためのステップ」ととらえる**ので、逃げたり挫折することもありません。またどんなに失敗が続いても、「自分は必ず成功する」と信じているので、最後までやり続けます。

成功する人はたとえ芽が出ていないときでも、自分のことを凡人と思わず、「成功者」になりきって行動しています。成功すると信じているから、成功者になっていったのであり、うまくいったから成功者になったのではありません。最初から成功者だと自分で自分を洗脳しているのです。

できないこと

↓

凡人としてふるまわず、成功者になりきる

077

ツーランク上の課題にチャレンジする

日常生活で何一つ不自由しているわけではないのに、**刺激やワクワクすることがないとき。それは、自分自身が成長していないことの表れです。**成長を止めてしまったから、あなたの生活から刺激やワクワクが欠けてしまったのです。

刺激やワクワクを取り戻したいと思うのであれば、自分の能力以上のことに取り組むしかありません。自分の能力以上のことにチャレンジしないと成長しないのは事実ですから、それに取り組む自分を褒めるべきです。

と言っても、ワンランク上のことに取り組むのでは不十分です。おそらくそれほど苦労せずにできてしまいます。むしろ、できて当たり前です。**自分自身を成長させるためには、ツーランク上の課題に取り組むのです。**これだと最初のうちは刺激にしては強すぎるかもしれません。成長の障害物が多くて、「こんなこともできないのか……」とガッカリすることもあり得ます。

それでも、やっているうちに自分のレベルが少しずつ上がっていって、手応えを感じるようになります。調子が上がってくると、ブロック崩しのゲーム「テトリス」のようにブロック一列が揃って、上につかえている障害物まで一緒に崩れ、クリアしてしまうことがあります。そのときにはもう障害物もなくなっています。あなたは再び成長軌道に入ったということです。

成長したあなたには、もっと上のレベルを目指そうという強い意欲が芽生えています。するとあなたの日常には刺激とワクワクがあふれ出すようになります。

できないこと

↓

刺激を探すのではなく、刺激的なことをする

IMPOSSIBLE

078

ホームランではなくヒットを狙う

仕事でも勉強でもコツコツとやらなければ、身につくものではありません。試験前の一夜漬けがなかなかうまくいかないように、地味でも**毎日決まった量をコツコツ継続することでしか、成果を得ることはできません。**

一夜漬けも一回はうまくいくことがあります。しかし、たいてい付け焼刃なので、一回はうまくいっても、次に成果を出すことはまず不可能です。

多くの人は、真面目に一生懸命仕事に取り組んでいます。真面目にやっているからこそ、逆転満塁ホームランのような劇的な成果を求めてしまうのかもしれません。しかし、一瞬で人生がバラ色に変わるようなことはめったにありません。だからこそ**まずはヒットで塁に出ることを考えましょう。**

ものごとの成果をすぐに求めるのは、階段を二、三段ずつ飛ばして駆け上るようなものです。それは、短期間で急激にやせるものの、すぐにリバウンドしてしまうダイエットに似ています。

ものごとはなにごとも一歩ずつ進めていかなければなりません。ときには三歩進んで二歩下がることもあるかもしれませんが、それでも一歩は前進しています。ウサギとカメの話のように、どんなに歩みが遅くとも着実に歩み続けるほうが最後はゴールに到達するものです。

できないこと
↓
ウサギではなく、カメのように進む

IMPOSSIBLE

079

ルールを変える

新しいことを始めたり、現状を変えたりしようとすると、予測できないことに対する恐怖から一歩も踏み出せないことがあります。そうした恐怖心をつくる原因の一つが、「ルールを守る」ことです。

「ルールを守るから、チャレンジできない」ということではありません。**ルールに縛られているから、新しいことに挑戦できなくなってしまうのです。**

たとえば、仕事が忙しくて資格取得の勉強をする時間がとれないとします。残業続きで帰宅時間が遅ければ、確かに勉強する時間は少ないはずです。

疲れて眠いのに勉強しても、効果は上がりません。この状況が続けば、資格取得をあきらめるしかなくなります。

しかし、これは、「残業しなければならない」というルールを守っているから起きた事態だとも言えます。残業は必ずしなくてはいけないものでもありません。「残業をしなくてはいけない」というルールに暗黙の了解として従っているだけなのです。

それなら自分の中で「残業をしない」というルールに変えてしまいます。そして残業分の仕事をほかの人と共有する、あるいは外注するという選択をすれば、時間をつくりだすことは可能です。

ルールはいくらでも変えられます。周りに迷惑をかけないのであれば、自分が成果を出すために、いくらでもルールを変えてもいいのです。

↓

暗黙の了解に従わず、新しくルールをつくる

できないこと

USUAL

080

「ありがとう」で潜在意識を良質化活性化する

街中で道が分からない人に行き方を教えてあげる。大きな荷物を抱えて階段を上る人の荷物を一つ持ってあげる……。

人に喜んでもらえることをできるだけたくさんすると、潜在意識にいいイメージを植えつけることができます。つまり、「ありがとう」と言われることを何度もすることで潜在意識が良質化活性化していきますから、あなた自身が人間的に成長し、能力もアップしていきます。

相手に喜んでもらいながら、自分自身のプラスになる。こんな一石二鳥は、「ありがとう」と感謝される行動以外にありません。

「ありがとう」は、何かをしてもらった相手が言うだけの言葉ではありません。実は、相手のために何かをした自分が言うべき言葉でもあるのです。なぜなら、本当にありがたいのは、何かしてもらった相手ではなく、潜在意識を良質化活性化した自分自身なのですから……。

一番ありがたいのは、実は、自分自身。そういうサプライズがあるのも、「ありがとう」のいいところです。相手に何かしてあげて、「ありがとう」と言われたら、あなたはこう言うべきです。「こちらこそ、ありがとう」と――。

まさに**「ありがとう」の往復で、両者の間には、喜びと笑顔があふれます。**いいことが雪崩のようにいっぱい押し寄せてきます。「ありがとう」は言っても言われても、気持ちのいい言葉なのです。

習慣

↓

感謝されたら、もっと感謝する

USUAL

081

「うまくいく」イメージをする

わたしは、歯の手術をするとき必ずイメージで事前にシミュレーションします。それも手だけでなく目、耳、鼻、舌の五感すべてを使ってイメージしていきます。もちろん失敗や、途中でトラブルが起こるようなことはまったく想定しません。楽しく充実感を味わいながら手術をしている様子をイメージします。

スポーツ選手は、試合前にイメージトレーニングをします。**イメージしたことは試合でもできるし、イメージできないものは試合でもできない。イメージは、それほど結果に大きな影響を与えます。**

最初は難しいかもしれませんが、自分の身の回りで**イメージしやすいものをトレーニングとして行っていくと、だんだんうまくなっていきます。**

たとえば、営業なら自分が過去に一番成功した商談の場面を思い出すようにします。訪問したときから契約のサインをもらったときまで、商談のディテールを思い出して、自分なりに商談成功のイメージを完成させます。

新規の営業に行くときは、そのイメージを再現します。商談成功のイメージをしてから臨むと、自分の中で無意識に過去の成功体験どおりに行動するようになり、結果もうまくいきます。

もはや商談では次々に新規顧客を獲得できるようになります。それが、イメージの持つパワーです。

習慣

↓

失敗ではなく成功をイメージする

USUAL

082

成功体験を重ねていく

誰もが毎日たくさんの成功体験をしているにもかかわらず、それを覚えていたり認識したりしていないため、自分は「できる」と思うことがありません。**本当は誰もが「できる人」なのであり、たくさんの成功体験を持っています。**

もしあなたが「自分は大層なことをしていない」と思うのであれば、一日の終わり、夜寝る前に朝起きたときから、いま、この瞬間までの今日の出来事を振り返ってみてほしいのです。いつもと変わりがない日常生活の中でも、たくさんの成功体験があったことに気づくはずです。

「いつもより30分早起きできた」
「帰りの電車でお年寄りに席を譲った」
「家でつくるパスタをアルデンテに茹でることができた」

他人から見たら「とるに足らない」ことでも、自分自身がそれを成し遂げたことで「充実感」を得られるのであれば、それは立派な成功体験です。この成功体験はあくまでも自分が「できた」と思えるものでいいのです。人に喜ばれること・感謝されることまで考える必要はありません。

あなたには、小さな成功体験がたくさんあります。それら一つひとつを数えて、「今日はこれだけのことをした」と自分の潜在意識に「できる自分」というイメージを植えつけていくと、いつの間にか「できる自分」としての選択と行動ができるようになります。

習慣

できなかったことではなく、できたことをカウントする

USUAL

083

常に相手の先回りをする

上司から急な仕事を頼まれたとき。何も考えずに仕事をしていて、そのやりたくもない要求に応えるとしたら、残業を覚悟しなければなりません。

アフターファイブに予定があったとしても、上司から頼まれた仕事で潰れてしまいます。**自分のことだけを考えると、得てしてこういう罠に陥りやすいのです。**

自分のことだけを考えていたら断っている――。そう反論する人もいるかもしれませんが、**それは考え方が甘いのです。**なぜならあなたは、上司がいまどんな仕事をしているのか、まったく考えていないのですから……。

上司がどの仕事を部下の誰に割り振るだろうかとあらかじめ考えておくと、行動が変わります。「あれならできる」と思うものがあれば、自分の仕事をしながらも、上司に「これはわたしがやっておきましょう」と言って、先に片づけてしまいます。それは、上司を助けることでもあるのです。

そうすると、上司の仕事もスムーズに進み、あなたも余分な時間をとられずに済みますから、一石二鳥になります。何よりそれ以上、あなたが仕事を頼まれることがなくなります。

他人から持ち込まれたものは先回りしてそれらをことごとく潰していくと、後から自分の時間をとられることもなくなります。**やるべきことは前倒し。やりたくないことは先回りするといいのです。**

習慣

↓

やらされるのではなく、先にやってしまう

BASE

084

基礎を徹底的に身につける

社会常識やマナー、礼儀は、生きていくうえでの基礎です。こうした**基礎が身についていない人は信用されないし、好感を持たれることはありません。**

仕事でも基礎をしっかり身につけないで、テクニックだけを追い求めてそれを習得するのに躍起になる人がいます。確かにテクニックをすぐ覚えれば成果を得られやすいので、ついそれに走ってしまいます。習得すれば、一時的にはそれなりの効果がありますが、何度も再現できないので、失敗が続くと、「これはもう通用しなくなった」と、また別のテクニックに走ろうとします。

テクニックを習得することに血眼《ちまなこ》になって、それを駆使《くし》することばかり考えている人は、永遠のテクニックオタクです。**本質的なことを身につけようとしないから、いつまで経っても結果を出せないでいるのです。**

テクニックとは、「はしご」のようなものです。土台である基礎を身につけた人が自分の仕事の質も量も上げていくために使うものです。

例えば、はしごを使って屋根に上ろうとしても、土台がしっかりしていなければ、ぐらついて途中で倒れてしまうかもしれません。屋根に上るには、はしごのほかにしっかりした土台が必要です。安定した土台を築いていなければ、テクニックというはしごが宝の持ち腐れになってしまいます。

土台を固めるとよく言いますが、**基礎がなければ、なにごとも発展させることはできません。**基礎を固めることなしには、どんなことも上達することはないのです。

基礎

↓

テクニックを追求せず、基礎を固める

BASE

085

何ごとも一万回続ける

誰でもできるし、誰でも身につくはずなのに、基礎力を身につけるのは、難しい。これはどんな世界でも同じです。

なぜ基礎が身につかないかというと、飽きてしまうからです。カンタンだし一回か二回やれば身についてしまう。何度も繰り返すのは退屈だから、ササッと済ませてしまいます。

でも、それは**本人が「身につけた」と思っているだけで、実際は何も会得していません。**本人はもう「できる」と思っているから、いたずらに先に進みたがります。

基礎

一回だけでなく、何回も反復する

それでも最初のうちは付け焼刃でなんとかなるかもしれませんが、**レベルが高くなるにつれて、もうついていけなくなります。**早々に挫折してしまうのです。それは、やる気や適性能力の問題ではなく、「基礎力」がないからです。

本当に基本的なことは百回、二百回、もしかしたら千回、一万回繰り返さないと身につかないのかもしれません。基礎とはそれほど身につけるのが難しいものです。

逆に言えば、こういうことです。**基礎さえ身につければカンタンに上達できる——。**

多くの人は基礎を疎かにしてしまいますが、地道に何度も繰り返せばいいのです。

基礎を身につけたということは、それだけで抜きん出ているのです。なぜなら本当に身につけた人が少ないのですから……。

Thinking

第5章

いま、この瞬間から思考を変える

DECISION

086

しっかりとしたビジョンを持つ

「○○をやるために生涯をかける」

「わたしの目標は○○を達成することです」

自分の中に確固とした強い気持ちがあれば、必ずそれは達成できます。きちんとしたビジョンがあるのなら、うまくいかなかったということはあり得ません。

もちろん、やろうとすることが自分の実力とかけ離れていれば、一筋縄ではいきません。そうだとしても、自分の実力をコツコツと蓄えていけば、いつの日か実力が追いつきます。

決断

コンパスを手放さずに持ち続ける

途中においては、けもの道を行くことも崖っぷちをさまようこともあります。天候悪化で予想以上に時間がかかることもあります。そうした困難に直面したときに、「やっぱり、あっちをやればよかった」と自分の決断を後悔すれば、事態は悪いほうへ向かいます。

あなたの中には、ビジョンがあります。決断を後悔することは道に迷っているときに、ビジョンという名のコンパスを自分から手放すことです。

「やる」と決めたその瞬間から、コンパスは行き先をハッキリ示しています。その方向に向かって進んでいくだけです。

たとえ時間がかかっても、その方角に向かって歩いていけば、行きたい場所には必ず到達できます。遅かれ早かれ、やろうとしたことは実現するのです。

DECISION

087

迷ったときはやる

誰にでも「できない」ことの一つや二つはあります。例えば、英語ができなくても、自分の仕事や生活に支障がなければ、別に問題ではありません。

ただし、そのことができないと、自分の仕事や生活に差し障りがある場合は、違います。なんとしてでもできるように努力するでしょう。悲しいかな、**人は追い込まれないと、「できないこと」に取り組もうとしないものです。**

それでも、向き不向きがあるので、どんなに努力してもできないことはあります。

「できない」人には、二つのタイプがあります。

「分かっているのにできない」「迷っているからできない」

前者は向き不向き、適性の問題ですから、本人の努力ではどうにもならないものです。この場合はほかの対策を考えたほうがいい。

後者は、やらなければいけないのに、やりたくないから、あるいはできるかどうか分からないから迷っているのです。やりたくなくてもやらなくてはいけないのだし、またできるかどうかはやってみなければ分かりません。

「できるかどうか分からない」から迷っているとしたら、サッサとやるしかありません。その迷っている間にも、やってみればできてしまうかもしれません。できるようになる時間を先送りしていて、時間をムダにしているだけです。

迷っているということは、実は「やれ」というサインなのです。

決断

↓

先送りせず、いま、この瞬間にやる

DECISION

088

結果を考えずに決断する

「あのときYESと言っておけばよかった」

「やっぱりあっちを選べばよかった」

自分の下した決断をいつまでも責めたり、後悔してしまう人がいます。「覆水盆に返らず」で、過去を取り戻すことはできないにもかかわらず。

「やったほうがいいか、やらないほうがいいのか」決められない人もいます。優柔不断というか、自分で自分のことが決断できないでいるのです。

決断は難しいことではありません。ただ「やろう」あるいは「やらない」と決めるだけのことです。**悪い決断をしたから、悪い結果に結びつくとは限りません。同様にいい決断をしたからと、必ずしもいい結果になるとも限りません。**

決断は、早いに越したことはありません。早く決めれば、それだけ早く行動に移せます。

決断が早ければ、必然的に結果が出るのも早くなります。いい結果が出ればそのまま進めればいいですし、結果が悪ければ、軌道修正してまた別の決断をすればいいだけのことです。逆にいつまでも決断しないでいると、状況が変化して、考えるべき条件が増えて、ますます決断しにくくなっていきます。

やる前から結果がどうなるかは、誰にも分かりません。**結果のことなど考えなくてもいいから、まず決断してしまいましょう。**そう考えたほうが、どんなことも決断しやすくなります。

決断

後ではなく、いますぐ決める

MEANING & EXPLAIN

089

一瞬で自分を変える

おみくじで「末吉」を引いたとき、「ついていないな」と思うか、「まだまだツキが残っている」ととらえるか。極端ですが、そのとらえ方次第で、人生がよくも悪くもなっていきます。

「ついていない」と思うことは、運がない、あるいは自分の運勢が悪いと思っていることです。その気持ちは潜在意識にもしっかり届いて、ついていない自分に悪い波を引き寄せてしまいます。

末吉は吉や大吉に比べれば、相対的によくないかもしれませんが、絶対値で見れば、

「よい運勢」です。吉兆は、まだ残っているのですから、ガッカリすることはありません。

もし末吉でいい出来事が起こったり、成功したりすれば、吉や大吉のときにはそれ以上の成功やいい出来事が起こるはずです。こう考えると、気分もワクワクしてきて、これから起こる出来事が楽しみになってきます。

起こった出来事を「よくない」ととらえるのも「吉兆」ととらえるのも、自分次第です。吉兆ととらえていけば、潜在意識も活性化していきます。それを繰り返していくと、道は自然に開けてきます。

人生は、とらえ方で決まります。自分に起こる出来事のすべてはとらえ方で変わってくるのです。

意味付けと解釈

↓

末吉を引いてもガッカリせずに、ワクワクする

MEANING & EXPLAIN

090

人生に不幸はないと考える

わたしは挫折したことがありません。そう言うと、「井上先生だから順風満帆な人生を歩むことができるのですよ」と反論されるのですが、わたしにも借金をしたり、スタッフが辞めて医院の運営が厳しくなったりした過去があります。

それらを試練や経営上の問題ととらえたことはありません。「患者様によりよい医療を提供するための投資」や「彼がここから巣立って成長するための卒業」ととらえたから、借金やスタッフの退職を「自分を一回り大きくするための成長」と位置づけて乗り切ることができたのです。

成功者は努力することを厭いません。なぜなら努力を「苦労」ととらえていないからです。

どんな成功者にも「苦労する」という発想がありません。災難が降りかかったとしても、「成長するチャンス」「解決できない問題はない」と、とらえているから、トラブルを楽しむことさえできます。

困難や試練を問題としてとらえず、チャンスとしてとらえているから、潜在意識を豊かにしています。**潜在意識が豊かになるから、さらに成功する**という好循環に入っていきます。

どんな問題も試練ととらえるのではなく、成長のチャンスと考える。そもそも誰の人生においても、本当の意味での失敗や挫折はありません。「わたしは挫折した」と思っている人がいたら、自分で勝手にそうとらえているだけなのです。

意味付けと解釈

↓

問題を試練ではなく成長のチャンスととらえる

MEANING & EXPLAIN

091

マイナスをゼロにする

想定外の出来事、不測の事態が起こっても、「もうダメだ」「もはやこれまで」とあきらめたり、流されたりする必要はありません。問題が起きたときは本人のエネルギーはマイナスの状態にあります。それを一気にプラスに転じるのは、「奇跡が起きる」のを待つようなものです。

自分に降りかかった問題が大きすぎるときは、発想を変えます。なにも無理にマイナスからプラスにしなくてもいいのです。

まずはマイナスをゼロにすることを考えます。こう言うと、拍子抜けする人もいますが、意外と効果はあります。

マイナスをゼロにすることは、実はスゴイことです。なによりプラスに進んでいるのですから……。

マイナス１００からゼロに戻るのも、ゼロから１００に行くのも、エネルギーは同じです。でも、慣性の法則が働いて、マイナス１００からゼロに向かっていけば、ゼロから１００、１００から２００と、自然と進んでいくようになります。

ということは、マイナス１００からゼロに戻れば、あとは上昇気流の波に乗って、カンタンにそれ以上に進むことができます。

マイナスになったときは、まずゼロにすることを考える。そのプラスをドンドン積み重ねていけば、いずれ問題は消えてなくなっていきます。

↓

一気にマイナスをプラスにするのではなく、まずゼロまで戻す

意味付けと解釈

SLUMP

092

スランプをすぐ解消する

いつもと同じように仕事をしているのに、半分も達成できない。タイミングがずれているのか、仕上がりがよくない……。

一年のうちに何回か本調子とはほど遠い状態になることはあります、いわゆる「スランプ」です。人間にはバイオリズムがあるのですから、**365日同じエネルギーを出し続けることは難しいものです。**毎日完全完璧などということはあり得ません。

ただそういうときこそ「もっと頑張らないと」「努力が足りない」と自分に発破をかけてしまいがちです。

スランプ

→自分にムチ打たず、ムリしない

調子がよくないときは、本来の成果が出ないときです。そういうときにいつもの成果を得ようと思ったら、より長い時間をかけなければなりません。

しかし、長い時間をかければ疲れて、体の調子が悪くなる。さらに調子が悪くなって、成果が出ない……。このようにスランプの罠にはまってしまうのです。

実はスランプになっていることに本人はあまり自覚がありません。自覚がないから、自分にムチ打って頑張ってしまうのです。

頑張りすぎた結果、スランプの罠にはまってしまいます。いろいろ試したものの、改善されず、ようやく自分がスランプだと気づくのです。

逆説的ですが、**スランプを解消する一番の方法、それは、自分が「スランプだ」と気づくことです。**気づけば、自分にムリを強いることがなくなります。そのうちにバイオリズムが戻って、自然に抜け出せるようになります。

SLUMP

093

疲れたらすぐに休む

問題があるときほど、早めに寝るようにします。「ちょっと調子がよくないな」と思ったら、早めに寝て睡眠時間をたっぷりとるようにするのです。そうすると、翌朝はいつものように心身ともに健康な状態に回復しています。

問題を解決するために、「徹夜して頑張る」という根性論の人がいます。解決して安心した状態で眠りにつきたいという気持ちも理解できますが、医師としてこれはお勧めしません。

確かに問題を解決しないでいると、ベッドで寝ていても「どうしたら解決できるだろうか」と考えてしまって、眠れなくなることがあります。「どうしよう」「なんとかしなくちゃ」と心が焦って、眠りにつくこともできません。

寝ないで解決しようとすると、今度は体のほうも疲れてきて、心身ともに疲れ果ててきます。これでは「問題も解決しない」「体調もよくない」というダブルパンチです。

問題があるときほど、早めに寝るようにするのです。そうすると、翌朝起きたときに「そうか、これをやればいいんだ」とひらめくことがよくあります。それは、**寝ている間にも潜在意識が解決法を考えてくれていて、起きたときにヒントを「ハイ」と授けてくれるからです。**

あれこれ考えずに、ベッドにもぐりこむ。もしかしたら、世界一シンプルな問題解決法かもしれません。

↓

徹夜せずに一晩寝てから問題解決する

スランプ

094

20％しかやらない

やることが山積みで、一つ片づけてもまた別の仕事が舞い込んでくる。忙しい人ほど、仕事に追われ休む暇なく働いて、ついついオーバーワークになりがちです。

実は、**たくさんの仕事を処理するとっておきのコツが、あります。それは、「20％しかやらない」ことです。**

その日の仕事のうち本当にやらなければいけないもの20％だけやって、残り80％は「やらない」と割り切ってしまいます。いわゆる**「80対20の法則」**です。それで不都合が生じるかというと、決してそんなことはないはずです。

そもそも大事なことのほとんどは、その20％に含まれています。**20％だけやれば、仕事は終わったも同然なのです。**

20％しかやらないのでは気が引けるのであれば、余った時間で80％のうちの気になるところだけをやることにします。そうすれば、限りなく１００％近くをこなすことができますし、やっている途中に終業時間が来たら、「今日はおしまい」と、退社してしまえばいいのです。

最初から20％に絞るのがムリというのなら、まずは50％だけやってみます。慣れてきたら、40％、30％、20％と絞り込んでいきます。

そもそも**本気で仕事に取り組むのなら、人間の能力から言っても20％くらいが限度です。20％だけ本気でやる。**そう決めたら、心も体もラクになって、前向きに取り組めるようになりますし、実際に成果もきちんと出ます。

１００％ではなく、50％だけでもやる

↓

スランプ

KNACK

095

悩みに真剣に向き合う

「ダイエットしているのに、なかなか痩せられない」

「何時間も働いているのに、ちっとも給料が増えない」

「いろいろ紹介されてるけれど、ちっともいい人に巡り会えない」

いつ会っても、同じ悩みを延々と話す人がいます。本人は悩みを人に話すことでスッキリするかもしれませんが、同じ話が繰り返されるので、聞いているほうは辟易《へきえき》します。


いつも同じ悩みを抱えている人は、本当は悩んでいません。本人にとっては悩ましいことなのかもしれませんが、**深刻な事態にまで至っていないから、いつも同じ悩みを抱えて、その状態を繰り返しているだけです。**

ダイエットしたいのに、つい大好きな甘いモノを食べてしまうのは、誘惑に弱いというより、そもそも最初からダイエットする気がないのです。実際にダイエットしなくても、それほど困ってもいません。もし太りすぎで「いまの体重のままなら余命半年」と医者に宣告されたら、必死になって痩せようとするはずです。大好物の甘いモノを食べようと思わなくなるでしょう。

同じ悩みに悩まされるということは、実はそれを解決しようという意思がないということです。だから悩みのループにはまってしまって、そこから抜け出すことができない。悩みを解決したいなら、それに向き合って、本気になるしかありません。

コツ

↓

同じことでなく違うことで悩む

KNACK

096

才能が開花するまで努力する

どんな人にも才能はあります。才能とは誰もが持っているものなのですが、**一部の人にしかないように思えるのは、才能という花を咲かせられる人と咲かせられずにいる人がいるからです。**

世の中で「才能がある」と言われる人は、自分の中にある「才能という花」を育てて咲かせた人です。多くの人は途中で枯らせてしまったか、もしかすると、才能というタネを持っていることに気づいてさえいません。

自分にも才能があるのに、それに気づかず、「あの人は才能があっていいいな」とうらやましがっているだけです。なんとも残念で、もったいないことです。

才能を開花させた人は何も特別なことをしたわけではありません。興味を持ったこと、親から「やってごらん」と言われたことをやっているうちに、うまくできたというタイプが多いようです。**やっているうちにすっかり夢中になって、人の何十倍、何百倍と行動します。**そして、才能というタネから芽が出て、やがて幹になり枝が伸びて、順調に成長し、花を咲かせられるようになったのです。

人よりも多く取り組み、人よりも多く考え、人よりも多く失敗し、人よりも多く挑戦したからこそ、結果を出すことができた——。最初から特殊な能力があったわけではなく、後天的に身につけていったのです。

才能とは、人が持っていない特殊な能力のことではありません。別の言葉で言えば、それは「努力する」ことです。

コツ

↓

才能を枯らさずに、咲かせる

KNACK

097

いつも謙虚でいる

実るほど、頭《こうべ》を垂れる稲穂かな。

この言葉は、偉くなればなるほど謙虚になりなさいという意味でよく使われます。そもそも偉かろうが偉くなかろうが、**謙虚でいることは人として当たり前のことです。**

人としてあるべき姿なのに、成功して周りからチヤホヤされるようになると、自分が特別な人間のように思えて尊大な態度を取るようになります。それが進むと、「裸の王様」になって、気がつけば転落し周りに誰もいない状態になってしまいます。

残念ながら、こうして**すべてを失ってから「頭を垂れる」ことの重要性を初めて認**

識する人が多いのです。それが、人間の持つ滑稽《こっけい》さの一つです。

謙虚であることとは、卑屈になったり従属したりすることではありません。稲穂が傾くのは、実がなっているからです。実が重いから頭が垂れてしまうのです。もし実がなっていなかったら、傾かずに真っすぐ伸びたままです。**この実が、自分の価値観です。**

価値観という実を宿しているから、頭を下げることを恥とも屈辱《くつじょく》とも思わないし、どんな相手と相対しても堂々として卑屈になることもありません。カン違いした成功者は、価値観がないから頭を下げられないのです。

実がなるほどたくましく成長したからこそ、頭を垂らすことができます。**実は謙虚とは、強さのことなのです。**

コツ

↓

尊大にふるまうことなく、堂々と頭を下げる

KNACK

098

成功するまでコツコツ取り組む

人生で成功するためのコツは、あります。それはたった一つしかありません。**「コツコツ」です。**

たとえば、100メートルを9秒58で走ったウサイン・ボルト選手が初めてレースに出たときに、いきなり世界新記録を出せたわけではありません。最初は100メートルを走るのに、10秒以上かかっていました。

世界記録を出すまでには、速く走る走法を身につけること、筋肉トレーニング、ハードな練習や栄養管理、メンタルトレーニングなどを一つひとつ地道にコツコツと積み重ねてきたはずです。それこそ１００メートルを何千回、何万回と走ったに違いありません。

レースで世界記録を出す瞬間は華やいで見えますが、そこに行き着くまでは数えきれないくらいの「コツコツ」があります。一日でも早く成功したいからと、コツコツを省いて二段、三段跳びをしようとすると、コケたりケガをするだけで終わりかねません。**プロセスを端折ってはならないのです。**

成功したいと思ったらどんなジャンルでもいいから、一つのことを愚直なまでにコツコツ取り組む。なんとも地味で地道ではありますが、世界で一番確実な成功法則です。このことは、いまも昔もそして将来も、変わることはありません。

コツ

二段、三段ずつではなく、一段ずつステップアップする

KNACK

099

一つの悩みに集中する

人生で大切なことは次の四つにほぼ集約されます。**仕事・お金・健康・人間関係。**そして人生の悩みも、この四つに集約することができます。この四つは**それぞれ独立しているように見えますが、実はしっかりつながっています。**

「仕事がうまくいかない」と悩んでいる人は、実は仕事だけがうまくいっていないのではありません。お金や健康、人間関係もうまくいっていないのです。

仕事だけうまくいかなくて、お金や健康、人間関係はうまくいっている。本人はそう思っているかもしれませんが、一つがうまくいかなければ、残りもうまくいくはずがありません。すべてはつながっているのですから、仕事以外のお金や健康、人間関係にも必ずほころびが出ます。

逆に言うと、一つを解決したら、ほかも自然と解決できてしまいます。仕事がうまくいかないのだったら、まずはほかのことを考えずに仕事に集中します。「これ以上頑張れない」という限界を突破すると、まず仕事がうまくいくようになります。それだけでなくお金・健康・人間関係にまで全面展開できるようになって、オセロの駒が白から黒に変わるように問題が一気に解決していきます。

悩みとは、仕事・お金・健康・人間関係の正三角すいです。どれかで悩むようになったら、問題はそれだけでなく、ほかにもあると考えるべきです。

ただし、**どれか一点を解決できると、ほかも解決できてしまいます。**すべてはつながっているのですから……。

コツ

一つの悩みではなく、すべての悩みを解決する

KNACK

100

本物に磨かれる

芸術作品であれ、ブランド品であれ、超一流の人物であれ、**「本物」はほかにはない、きらめきや輝きを放っています。**それはそのモノや人しか持つことができない魅力です。

本物は、どんなに時代が変わっても、その価値が損なわれることはありません。にせものが一時的には流行っても魅力がないためにすぐに飽きられて、いつの間にか淘汰されていくのとは対照的です。

本物は、本物を知ります。本物は、本物を引き寄せます。

もし**あなたが本物に魅了され、「手に入れたい」「知り合いになりたい」と思うのであれば、その方法はただ一つです。それは、自分自身が本物になることです。**

まだ成長途上にあるあなたが、本物になるのは容易なことではありません。かなりの困難を極めますが、それでも不可能ではありません。

本物に触れ、本物を学び、本物の考え方を自分の中に取り入れていきます。最初は自分自身が本物のミニチュアになるしかありません。自分の頭、心、体に本物のエキスが浸透していくにつれ、徐々にあなたも本物体質となっていきます。思考も選択も行動も本物になっていけば、ある日突然、本物に引き寄せられます。

仲間入りしたとしても、この時点では、まだ新入生です。その後、**本物の中に混じって磨かれていくことで、だんだんと本物に変わっていきます。**そこまでたどり着くまでどれくらいの歳月が流れるかは、誰にも分かりません。ただし、これだけは言えます。本物に触れて磨かれなければ、本物になることはできないと――。

コツ

本物を見るだけでなく、実際に学ぶ

おわりに

人は、誰でも変わることができます。

「人生を99％思いどおりに変える」それが、本書でご紹介した考え方の最終的な目的です。人生をこの瞬間に変えるなんて……と、はじめは思われたかもしれません。

ですが、本書を読み終えて、あなたは感じたのではないでしょうか？**「考え方を変えることで、見える世界が一気に変化する」**ということを。

見える世界が変われば、自分自身に対する認識も変わります。そして、周囲の人、環境に対する考え方も変わるのです。それだけでも、人生を変える本当に大きな変化になります。あなたはこれから、その新しい世界で新しい価値観をもって生きていきます。ですから、これから先はあなたが想像もできないような変化の人生を歩むのではないでしょうか。

人は誰もが、変わりたい、成長したいと思っているものです。ですが、**人は変わることを怖いこと、難しいことだと感じている人がほとんど**なのです。

人には生命の危険から身を守るために、変化を恐れる本能が備わっています。無事である、いまの状態を維持すれば生き延びられる可能性が高いと判断しているのです。ですから、本能があなたにこれまでと異なる経験や環境に対して恐怖を感じさせ、現状を維持させようとするのです。

変わることは、怖くありません。難しくもありません。**変わることは成長すること。本来は楽しいことなのです。**

セミが幼虫から成虫へと変わるのは一度だけですが、人間は何度でも変わることができます。ファッションモデルが服を着替えてランウェイを何度も歩くように、あなたは何度でも変わることができるのです。「思いどおりの自分」になったあなたは、人生のランウェイを闊歩《かっぽ》していくはずです。大丈夫、あなたならできます。

最後に、本書があなたの人生に少しでも役立ったとしたら、著者として望外の喜びです。あなたがこれからどのように変わっていくのか、わたし自身楽しみにしています。

最後までお読みくださり、本当にありがとうございました。

井上裕之

井上《いのうえ》 裕之《ひろゆき》

歯学博士、経営学博士、コーチ、メンタルセラピスト、経営コンサルタント、医療法人社団いのうえ歯科医院理事長。

島根大学医学部臨床教授、東京歯科大学 非常勤講師、北海道医療大学 非常勤講師、ブカレスト大学医学部客員講師、インディアナ大学歯学部客員講師、ニューヨーク大学歯学部インプラントプログラムリーダー、ICOI 国際インプラント学会 Diplomate、日本コンサルタント協会認定パートナーコンサルタント。

1963 年、北海道生まれ。東京歯科大学大学院修了。歯科医師として世界レベルの治療を提供するために、ニューヨーク大学・ハーバード大学をはじめ、海外で世界レベルの技術を取得。6 万人以上のカウンセリング経験を生かした、患者との細やかな対話を重視する治療方針も国内外で広く支持されている。医療業界では数少ない ISO9001・14001 を取得している。また、医療に関することだけでなく、世界中のさまざまな自己啓発、経営プログラムなどを学びつづける。現在はセミナー講師としても全国を飛び回り、会場は常に満員となり、2014 年には日比谷公会堂・沖縄コンベンションセンターで 1000 名を超える講演を成功させる。

著書としてのデビュー作である『自分で奇跡を起こす方法』(フォレスト出版)はまたたく間に 10 万部を突破し、話題になる。『30 代でやるべきこと、やってはいけないこと』(フォレスト出版)は、シリーズ 20 万部を突破。他に『「学び」を「お金」に変える技術』(かんき出版)、『後悔しない人生を送るたった 1 つの方法』(中経出版)、『がんばり屋さんのための、心の整理術』(サンクチュアリ出版)もベストセラーに。

●井上裕之公式サイト
http://inouehiroyuki.com/
●井上裕之フェイスブックページ
http://www.facebook.com/Dr.inoue
●いのうえ歯科医院
http://www.inoue-dental.jp/

“いま、この瞬間”からわたしが変わる。

2015年10月 4日　初版発行

著　者　　　井上 裕之

発行者　　　野村 直克
編集協力　　岩崎 英彦
カバーデザイン　BLUE DESIGN COMPANY
本文デザイン　土屋 和泉
DTP　　　横内 俊彦
写　真　　　Shutterstock
発行所　　　総合法令出版株式会社
〒103-0001
東京都中央区日本橋小伝馬町15-18
ユニゾ小伝馬町ビル9階
電話　03-5623-5121(代)

印刷・製本　中央精版印刷株式会社

ISBN978-4-86280-472-3
落丁・乱丁本はお取替えいたします。
総合法令出版ホームページ　http://www.horei.com/